DU

RAPPORT DES LEGS

DROIT ANCIEN - DROIT MODERNE

LOI DU 24 MARS 1898

THÈSE POUR LE DOCTORAT

Présentée et soutenue le mardi 21 novembre 1899, à 2 h.1/2

PAR

Henri GRIGNON

Président : M. André WEISS.

Suffragants : { MM. MASSIGLI, PLANIOL, } *professeurs.*

PARIS

LIBRAIRIE NOUVELLE DE DROIT ET DE JURISPRUDENCE

ARTHUR ROUSSEAU, ÉDITEUR

14, RUE SOUFFLOT ET RUE TOULLIER, 13

1899

THÈSE
POUR LE DOCTORAT

UNIVERSITÉ DE PARIS. — FACULTÉ DE DROIT

DU

RAPPORT DES LEGS

DROIT ANCIEN - DROIT MODERNE

LOI DU 24 MARS 1898

THÈSE POUR LE DOCTORAT

L'ACTE PUBLIC SUR LES MATIÈRES CI-APRÈS

Sera soutenu le mardi 21 novembre 1899, à 2 h. 1/2

PAR

Henri GRIGNON

Président : M. André WEISS.

Suffragants : { MM. MASSIGLI, PLANIOL, } *professeurs.*

PARIS

LIBRAIRIE NOUVELLE DE DROIT ET DE JURISPRUDENCE

ARTHUR ROUSSEAU, ÉDITEUR

14, RUE SOUFFLOT ET RUE TOULLIER, 13

—

1899

DU RAPPORT DES LEGS

INTRODUCTION

La législation française a toujours été dominée en matière de succession par un principe essentiel : celui de l'égalité entre cohéritiers. Ce principe a été reçu avec plus ou moins d'étendue suivant les époques et suivant les coutumes (avant le Code civil), mais il apparaît comme l'idée directrice et fondamentale, comme la préoccupation constante du législateur.

Afin d'arriver à une répartition aussi égale que possible des biens laissés par le défunt, il a prescrit à tout successible de remettre à la masse de la succession l'intégralité des libéralités qu'il tenait du *de cujus*. Le rapport est donc une opération du partage, il en est le préliminaire obligatoire.

Ce n'est pas sans intention que nous faisons débuter notre étude par cette observation, beaucoup d'auteurs ont en effet voulu donner au rapport une autre base et nous y serons ramené dans le cours de ce travail.

Jusqu'à la loi récente du 24 mars 1898, le Code civil ne faisait, au point de vue du rapport, aucune différence entre les libéralités diverses, et il plaçait sur la même ligne les donations entre vifs et les legs : « Tout héritier même bénéficiaire » disait l'ancien article 843, « venant à une succession, doit rapporter à ses cohéritiers tout ce qu'il a reçu du défunt par donations entre vifs, directement ou indirectement : il ne peut retenir les dons ni réclamer les legs à lui faits par le défunt, à moins que les dons et legs ne lui aient été faits expressément par préciput et hors part, ou avec dispense de rapport. »

Le Code paraît toutefois avoir aperçu la nécessité d'une distinction entre les dons et les legs, relativement au rapport, et il a laissé entrevoir, dans les expressions mêmes dont il s'est servi, que la nature des choses impliquait une différence entre les deux sortes de libéralités, au moins en ce qui concerne la façon dont le rapport doit se faire. En effet, tandis que pour les dons, il déclare que l'héritier ne peut les *retenir*, à l'égard des legs, il se borne à dire qu'il ne peut les *réclamer*.

Cela revient à dire que le terme *rapport* appliqué aux legs est un terme impropre. Tous les auteurs sont ici d'accord, et c'est pour cette raison que nous plaçons encore ici cette remarque. Pour rapporter une chose à la succession, il faut en effet l'avoir reçue, pour la remettre dans la masse à partager, il faut nécessairement qu'elle en soit sortie ; or, la chose léguée n'est pas sortie du patrimoine du défunt, le légataire n'en a jamais eu la possession, « c'est donc, dit M. Fuzier-Hermann, en forçant le sens des mots qu'on applique aux legs le mot *rapport* ; les dons entre vifs sont en réalité seuls sujets à rapport, les objets légués ne sont pas sortis des mains du testateur ; il s'agit seulement de les *retenir* dans l'hérédité et non de les y rapporter (*C. civ. annoté*, 1891, art. 843, § 1). Il semble donc, dit encore un auteur (Grenier, *Traité des donations et des testaments*, 4e partie, chap. I, sect. 1re, n° 484), que si on voulait expliquer avec plus de régularité l'intention d'avantager, relativement aux donations qui seraient faites avec dessaisissement, ce serait plus particulièrement le cas de la mention de la *dispense de rapport*, et qu'en ce qui concerne les objets légués par le testament les mots par préciput et hors part devraient principalement être employés. On pourrait encore exprimer l'intention d'avantager dans ce dernier cas, en disant qu'il ne se ferait point imputation des legs sur la portion héréditaire. »

Cette observation, du reste, ne porte pas seulement sur des mots, elle a aussi des conséquences pratiques sur lesquelles nous aurons l'occasion de revenir.

C'est là, néanmoins, à peu près la seule différence que le Code civil ait laissé entrevoir entre les dons entre vifs et les legs relativement au rapport. Encore n'apparaît-elle que dans deux articles (842 et 845) ; ailleurs, l'expression *rapport* est employée indifféremment pour les deux cas (art. 844, 848, 849).

Le Code avait d'ailleurs été précédé dans cette voie,

dans une certaine mesure du moins, par Pothier, qui avait établi une analogie entre l'ancienne règle de l'incompatibilité des qualités d'héritier et de légataire et la règle du rapport. « Au surplus, disait-il, c'est une espèce de rapport que nos coutumes ordonnent entre les héritiers ascendants ou collatéraux, comme entre les enfants, sinon que celui ordonné pour les enfants héritiers, s'étend à plus de choses, s'étendant même à ce qui leur a été donné entre vifs. » *Successions*, ch. IV, art. 3, § 2.

Malgré l'impropriété du terme, nous adopterons donc les expressions dont s'est servi le Code civil sous la réserve des observations qui précèdent.

La loi du 24 mars 1898 a substitué une nouvelle rédaction à l'ancien texte de l'article 843 et elle a fait entre les donations entre vifs et les testaments la distinction réclamée depuis longtemps par la très grande majorité des jurisconsultes : les premières sont restées soumises à la nécessité du rapport sauf dispense du donateur ; les seconds sont devenus préciputaires sauf déclaration contraire du testateur. Voici en effet le texte du nouvel article 843 en ce qui touche les legs : « Les legs faits à un héritier sont réputés faits par préciput ou hors part à moins que le testateur n'ait exprimé la volonté contraire, auquel cas le légataire ne peut réclamer son legs qu'en moins prenant. »

Nous allons rechercher les motifs de ce changement apporté dans ce point de notre Code civil, sous l'influence de quelles idées il s'est opéré, son étendue et sa portée.

Pour le bien comprendre, il convient tout d'abord de revenir sur les législations antérieures qui ont donné naissance à notre droit moderne, et de refaire avec elles le chemin parcouru avant d'arriver au point où nous le voyons aujourd'hui.

La matière des successions, telle qu'elle est réglée par le Code civil, est le résultat d'un mélange de deux législations inspirées chacune d'un esprit diamétralement opposé à l'autre, et reposant sur des principes complètement différents : le droit germanique qui a engendré le droit dit coutumier, et le droit romain, d'où est dérivé le droit écrit.

Voyons donc, pour chacune de ces législations, quels ont été leurs principes et leurs dispositions touchant la matière qui nous occupe. C'est là une étude assez complexe, « car dans ses développements et dans ses applications, il n'existe, dans tout le droit privé, aucune autre institution peut-être dont l'histoire offre le spectacle de plus de vicissitudes, de plus de variétés, soit en droit romain, soit dans notre ancien droit, soit dans la législation intermédiaire ». Demolombe, tome XVI, fol. 160, n° 151.

CHAPITRE PREMIER

Il n'est pas nécessaire, pour trouver l'origine du rapport tel que nous le comprenons aujourd'hui, de remonter jusqu'à la *Collatio bonorum* du droit classique. Il s'agissait en effet de réparer une injustice provenant de la situation inégale faite aux enfants qui étaient restés sous la puissance du père de famille, vis-à-vis des enfants émancipés. Ces derniers, sortis de la famille, acquéraient pour leur compte et pouvaient se constituer un patrimoine propre, tandis que les acquisitions faites par les non-émancipés profitaient au *pater-familias*. Tant que les enfants émancipés furent exclus de la succession de ce dernier, il n'y eut là rien d'anormal ; mais lorsque le préteur, au moyen de la *bonorum possessio contra tabulas* ou *unde liberi*, les eut appelés à succéder concurremment avec les enfants restés en puissance, il fallut, pour satisfaire à la fois à la logique et à l'équité, leur imposer l'obligation de réunir à la masse partageable les biens qu'ils avaient acquis pour leur compte, et qui auraient augmenté cette masse si l'émancipation n'avait pas eu lieu. En effet, les enfants non émancipés avaient contribué à accroître le patrimoine du père de famille, il eût été injuste de les obliger à partager avec un enfant qui n'avait rien apporté.

Cette institution ne présente donc qu'une très lointaine analogie avec le rapport organisé par le Code civil. Pendant tout le droit classique, on ne connut d'autres bornes à la puissance du père de famille sur ses biens que les restrictions apportées par la *querela inofficiosi testamenti*, la loi Falcidia et quelques autres. En dehors de là, la règle *uti legassit super pecunia tutelave suæ rei, ita jus esto* était souveraine.

La législation romaine se modifia à mesure que s'atténuaient les différences qui distinguaient les enfants émancipés et les enfants restés en puissance. Du jour où le *filiusfamilias* eut la propriété de tous les biens qui lui advenaient sans le fait du père, le rapport prit un autre caractère. Les liens acquis par les enfants émancipés ou non leur restant propres ne furent plus assujettis au rapport ; on n'y soumit que les *bona profectitia*, ceux qui provenaient du père.

C'est la loi 17 au Code, *de collationibus*, liv. VI, tit. 20, qui nous offre le premier exemple d'un rapport analogue à celui du Code civil. Elle oblige les descendants qui ont reçu de leur auteur commun des libéralités entre vifs à titre de dot ou de *donatio ante nuptias*, à les rapporter à la succession *ab intestat* de ce dernier, lorsqu'ils viennent conjointement recueillir l'hérédité.

Cette obligation du rapport fut étendue par une autre loi (loi 20, pr. I, Code, *de collat.*) à toutes les donations faites entre vifs par un ascendant à ses descendants.

Jusqu'à Justinien, le rapport ne fut exigé que dans le cas de succession *ab intestat*, entre frères et sœurs venant ensemble à la succession. On présumait en effet que, si le *paterfamilias* avait fait un testament sans ordonner le rapport, il avait entendu en dispenser ceux de ses enfants auxquels la loi l'imposait.

Justinien, par sa novelle 18, chap. VI, d'où a été extrait l'authentique *ex testamento*, au Code *de collationibus*, généralisa la règle et décida que le rapport aurait lieu dans le cas de succession testamentaire comme dans celui de succession *ab intestat*, en laissant toutefois au donateur la faculté de dispenser du rapport, à la condition toutefois que cette dispense fût expressément déclarée : *Nos sancimus, sive quispiam intestatus moriatur, sive testatus, quoniam incertum est ne forsan oblitus datorum, aut præ tumultu mortis angustiatus, hujus non est memoratus : omnino esse collationes et ex inde æqualitatem, secundum quod olim dispositum est, nisi expressim designaverit ipse se velle non fieri collationem ; sed habere eum qui cogitur ex lege conferre, et quod jam datum est, et ex jure testamenti.*

Nous donnons ici le texte de la Novelle, parce qu'une controverse s'était élevée sur la question de savoir si elle s'appliquait à la fois aux legs et aux donations ou seulement à cette dernière sorte de libéralités. Ricard, Lebrun, Rousseaud de Lacombe penchaient pour la première opinion, et avaient voulu voir dans la No-

velle 18, une assimilation complète, au point de vue
du rapport, entre les donations et les legs. Voici ce que
disait Ricard (*Traité des donations*, 1re partie, n° 640) :
« Il demeure présentement établi par la Novelle 18, que
les descendants ne peuvent pas avoir conjointement la
qualité d'héritier et de légataire ou donataire de leurs
ascendants, si ce n'est que le défunt ait expressément
témoigné qu'il entendait que quelqu'un de ses héritiers
conservât, par forme de préciput et de prélegs, les
avantages particuliers qu'il lui a faits. » Ricard faisait
évidemment erreur sur le sens de la Novelle. Il suffit
de lire le texte cité plus haut pour apercevoir qu'il est
muet sur la nature des avantages sujets à rapport, et
qu'il s'en réfère, sur ce point, aux règles antérieures :
secundum quod olim dispositum est.

Quelle est donc cette législation à laquelle se reporte
la Novelle ? C'est la loi 25, au Digeste, *Famil. ercisc.*,
§ 7, qui s'exprime en ces termes : *quod pro emptore, vel
pro donato cohœres possidet in familiæ erciscundæ judicium
venire negat Pomponius.* C'est encore la loi 1re au Code
de Collat. *A patre donata fratribus conferre non oportere,
si pater ut hoc fiat supremis judiciis non cavit, manifesti
juris est.* Voyez encore les lois 17, § dernier et 87, au
Digeste, *De leg.*, 1°.

Donc, antérieurement à Justinien, pour que les choses fussent sujettes à rapport, il fallait que le disposant
l'eût spécifié d'une façon expresse, s'il gardait le silence,
elles étaient censées avoir été données en préciput.

C'est cette présomption que Justinien est venu renverser en disant que le rapport des donations aurait lieu
sans qu'il fût besoin d'une disposition spéciale du donateur, et qu'au contraire, pour que les donations en fussent dispensées, il faudrait une déclaration expresse de
volonté de sa part. La Novelle 18, pas plus que les lois
citées, ne faisait d'allusion aux legs ; si elle avait voulu
innover sur ce point, elle l'aurait certainement dit d'une
manière non équivoque. Les mots : *ex jure testamenti*,
ne peuvent en aucune façon faire songer aux legs. Ils
veulent dire simplement ceci : au cas où un héritier
testamentaire avait reçu une donation du *de cujus*, il
pouvait, s'il y avait une dispense expresse de rapport,
conserver la donation, et se prévaloir en même temps
des droits que lui conférait le testament, droits qui ne
consistaient pas en des legs, mais dans des prérogatives
inhérentes au titre d'héritier testamentaire, auquel était
dévolu tout ou partie de la succession. Il faut se reporter
au commencement du texte pour comprendre le sens de
la fin : *sive testatus.... et ex jure testamenti.* L'innovation
de Justinien consiste à étendre au cas de succession testamentaire l'obligation du rapport restreinte jusque-là
au cas de succession *ab intestat.* L'authentique *ex testamento*, au Code *de Collat.*, qui a été extraite de la Novelle 18, fournit au besoin une preuve à l'appui de cette
opinion : *Ex testamento et ab intestato, cessat dotis et
aliorum datorum collatio. Ita demum si parens designaverit expressim.* Il n'y est question que de choses données

entre vifs ; à l'égard des legs même silence que dans la Novelle 18 (1).

Aussi est-ce avec raison que Chabrol (*Coutume d'Auvergne*, tit. XII, art. 46), s'exprime dans les termes suivants : « Ricard ne paraît pas avoir traduit avec assez de précision cette Novelle, lorsqu'il dit que les descendants ne peuvent avoir aujourd'hui la qualité de légataire ou donataire et d'héritier..... »

Grenier, dans son *Traité des donations*, donne d'ailleurs un motif de cette différence de traitement, en droit romain, entre les legs et les donations : « Si, dit-il, les mots de la Novelle *et ex jure testamenti*, devaient être entendus dans le sens que je combats, il faudrait en conclure que Justinien avait voulu qu'on ne pût être héritier *ab intestat* et légataire en même temps, sans une autorisation particulière, par la dispense du rapport. »

Mais cela ne se conçoit pas, parce que, d'après les principes du droit romain, l'institution testamentaire, quoique partielle, emportait la totalité de la succession.

---

(1) Les partisans du système adverse peuvent invoquer, il est vrai, la loi 87, § *De legat. et fideic.*, 1°, d'après laquelle un enfant légataire pouvait réclamer son legs, bien qu'il renonçât à la succession de son père. Mais il convient de remarquer que cette loi est antérieure à la Nov. 18, qui, la première, a exigé le rapport des donations, et que, par suite, à cette époque, toutes les libéralités étaient censées faites par préciput, du moins lorsqu'il y avait un testament.

Il est donc impossible de voir dans ce texte un argument en faveur de la doctrine combattue par nous.

Il est vrai qu'on aurait pu être légataire en vertu d'un codicille, et alors la succession aurait pu n'être pas testamentaire, mais on ne voit nulle part dans le droit romain que dans ce cas le legs fût soumis au rapport, et le contraire résulte de ce que dit Vinnius, *de Collat.*, chap. 8. n° 5. part. IV, ch. 1, sect. 1.

Ce point est aujourd'hui hors de contestation : en droit romain, les legs faits à un héritier sont toujours réputés faits par préciput ; l'obligation du rapport leur est étrangère, puisque les lois romaines sont muettes à cet égard, et point n'est besoin pour qu'il en soit ainsi d'une manifestation expresse de volonté de la part du testateur.

Non seulement la règle du rapport ne s'appliquait, en droit romain, qu'aux donations entre vifs, mais elle ne s'étendait pas à tous les ordres de successions. Elle était restreinte à la seule ligne directe descendante. Les ascendants succédant à leurs descendants, soit qu'ils fussent seuls, soit qu'ils concourussent avec des frères ou des sœurs du défunt, ne devaient pas le rapport. Il en était de même des collatéraux : « La raison en est, dit Grenier (*loc. cit.*), que dans ces cas l'égalité n'était pas jugée nécessaire. Elle ne paraissait juste qu'entre enfants ou descendants qui venaient à la succession du père et de la mère ou de leurs aïeux ; et, d'après cette idée, une donation à un collatéral n'était jamais réputée faite en avancement d'hoirie de sa portion de la future succession, ce qui est le vrai fondement de l'obligation du rapport... »

Remarquons, pour terminer, que le donataire en faveur duquel une clause de dispense n'avait pas été stipulée, pouvait parfaitement conserver le bénéfice de la donation, et se dispenser du rapport, en renonçant à la succession, loi 9, § *de collat.*, liv. 37, tit. 6, à la condition pourtant que la légitime des enfants fût intégralement fournie par les biens de la succession (c'est la disposition de l'art. 845, C. civ.). *Licet autem ei qui largitatem meruit, abstinere ab hæreditate, dummodo suppleat ex donatione, si opus sit, cæterorum portionem,* Novelle 92.

Pour résumer les dispositions du droit romain, touchant la matière des rapports, nous dirons que le rapport était exigé :

1° Pour les donations entre vifs, seulement lorsque la dispense n'y était pas expressément insérée ;

2° En ligne directe descendante ;

3° Enfin, le donataire pouvait se soustraire au rapport en renonçant à la succession.

CHAPITRE II

ANCIEN DROIT.

Il importe ici de distinguer les pays régis par le droit écrit, et les pays de coutumes.

Les premiers avaient adopté la législation romaine, il n'y a donc qu'à se reporter à ce que nous avons dit.

Quant aux pays de coutumes, il y régnait une extrême diversité. Au milieu de cet amas confus de dispositions différentes et parfois contraires, dominait la règle que *nul ne peut être à la fois héritier et légataire* (aumônier et parsonnier). Cette maxime était l'essence même du droit coutumier ; elle était en opposition directe avec les principes du droit romain.

D'où pouvait provenir cette règle, quels en étaient le fondement et la base juridiques ; quelle était son étendue d'application ? Telles sont les questions qui se posent ici devant nous.

I

Il ne faut pas chercher ailleurs que dans le droit germanique l'origine de l'incompatibilité des qualités d'héritier et de légataire. On sait que les Germains ne connaissaient pas le testament ou du moins que les usages germaniques n'en reconnaissaient pas la validité. Les descendants sont, au moins à l'origine, les seuls héritiers de leur père, et à leur défaut, la succession est attribuée aux plus proches parents ; la volonté de l'homme ne peut rien changer à cela : *Deus solus hæredem facere potest, non homo* (Tacite, *De mor. Germ..* XXI) (1). Il faut avant tout maintenir la terre patrimoniale, les biens héréditaires dans la famille, et pour arriver à ce but, on interdit de s'écarter des règles établies par les usages.

Les Francs, une fois établis en Gaule, restèrent soumis aux usages germains. Mais, par suite du principe de la personnalité de la loi, le droit romain et le droit canonique, applicables, le premier aux Gallo-Romains, le second aux clercs, firent sentir leur influence sur le droit germanique, en acclimatant dans les pays conquis l'usage du testament.

Toutefois, si le testament ne fut plus exclu d'une manière absolue, il n'en continua pas moins d'exister à l'état d'exception.

Lorsque la loi, de personnelle qu'elle était, fut devenue territoriale, les pays de coutume, dans lesquels prédominaient les usages germaniques, acceptèrent le testament importé chez eux par le droit romain ; mais la réglementation minutieuse et sévère à laquelle ils le soumirent montre assez la répugnance des traditions

(1) *Hæredes tamen successoresque sui cuique liberi, et nullum testamentum.* Ibid.

germaniques à l'égard du testament. On sent que c'est
presque malgré lui que le droit coutumier a fait cet em-
prunt à la législation romaine. Pour lui il n'y a d'héritier que ceux qui sont désignés par la coutume. En pays
de coutume, institution d'héritier n'a lieu, dit la coutume de Paris, article 299. S'il est permis de faire un
testament, c'est pour gratifier des légataires, non pour
instituer des héritiers. Seul l'héritier légitime, le plus
proche parent du défunt, a la saisine de l'hérédité, no-
nobstant toute disposition de dernière volonté, et les
légataires sont obligés de lui demander la délivrance
de leurs legs, lors même qu'ils seraient déjà en possession des biens.

Et cette qualité d'héritier légitime n'est pas un titre
simplement nominal en cas de testament, il confère
des droits étendus et intangibles. A lui doit revenir la
plus grande partie du patrimoine héréditaire, dont le
testateur ne peut distraire qu'une faible portion au profit
d'étrangers. Tous les héritiers d'une même succession
ont des droits égaux auxquels il est défendu de toucher,
ce serait aller contre le vœu de la coutume que d'avantager un ou plusieurs héritiers au détriment des autres;
les legs qui s'adressent aux héritiers sont nuls et non
avenus. C'est donc de la défiance de la coutume vis-à-
vis des dispositions testamentaires qu'est sortie la règle
que nul ne peut être à la fois héritier et légataire. Le
testament est mal vu par le droit coutumier, aussi ne
l'autorise-t-il qu'avec une extrême réserve et des pré-

cautions sans nombre pour l'empêcher de détruire l'ordre successoral établi par lui.

Dans les successions roturières, là où on n'avait pas à se préoccuper d'assurer les services féodaux comme dans les successions nobles, les coutumes sont hantées du désir d'assurer l'égale répartition des biens, des *villenages* entre les héritiers. On peut dire que c'est là la pensée dominante du droit coutumier, et les Etablissements de St-Louis la formulent ainsi dans l'article 132 : « Quand homs coustumier a enfans, autant a li uns come a li aultres, en la terre au père et à la mère par droict, soit fils ou fille, et tout autant ès meubles et achas et ès conquets, car loi a vilain si est patremoine. »

Il découle de là que le père de famille n'a pas le droit de favoriser un de ses enfants aux dépens des autres ; tous doivent venir au partage, tous sont admis, comme on disait alors, à *fréragier*.

Cette règle est si radicale qu'elle ne souffre aucune dérogation, ni quant à la nature des biens, ni quant aux personnes appelées à la succession. Le père de famille ne peut pas plus disposer de ses meubles et de ses acquêts que de ses propres ; et les enfants qui ont quitté le foyer ont les mêmes droits que ceux qui ont continué à vivre sous le toit paternel.

Par suite, si l'un des enfants ou plusieurs d'entre eux ont reçu quelque bien de leur père, ils doivent le rapporter à sa succession ; et si l'un d'eux a reçu plus que sa part, il doit restituer le surplus : « Venez, frère fréragier avec nous, et faites-nous retour de droit », disent encore les Établissements de St-Louis.

Bouteiller, dans sa *Somme rurale*, livre I, titre 78, *in fine*, s'exprime à ce sujet d'une façon très catégorique : « *Item*, et s'il advenait que l'un desdits enfans eust plus grand parchon ou plus grand don avant le partage fait entr'eux, et pour doutte de rapporter; il ne voulust venir à parchon ne à rapport faire avec ses autres frères et sœurs : sçachez que les autres frères pourraient icelui poursuivir à la loi de venir à partage et faire loyal rapport au commun mout... »

Si les donations entre vifs reconnues par le droit coutumier sont ainsi rapportables à la succession du donateur, à plus forte raison les legs doivent-ils être annulés comme portant atteinte au principe de l'égalité des partages, et nous verrons même que le droit coutumier est encore plus rigoureux dans le cas de legs que dans le cas de donation.

L'incompatibilité des qualités d'héritier et de légataire est donc une règle très ancienne, et il est probable qu'à l'origine, elle ne souffrait aucun tempérament; c'est seulement sous l'influence du droit romain que beaucoup de coutumes permirent au légataire de réclamer son legs en renonçant à la succession de son auteur; et si quelques-unes d'entre elles allèrent jusqu'à autoriser le cumul sur la tête de l'héritier de sa part héréditaire *ab intestat* et du bénéfice du legs à lui fait, ce ne fut que par exception et par dérogation aux vrais principes. Telle est d'ailleurs l'opinion de Pothier : « Les coutumes d'égalité, dit-il, qui ne permettent pas à l'un des héritiers présomptifs de conserver l'avantage qui lui est fait même en renonçant à la succession du défunt qui le lui a fait, sont celles qui paraissent avoir le mieux conservé l'esprit de notre ancien droit sur ce point. »

II

Quel était le fondement de cette règle?

Pothier y voyait « l'inclination de notre droit français à conserver l'égalité entre les héritiers comme un moyen de conserver la paix et la concorde dans les familles, et d'en exclure les jalousies auxquelles donneraient lieu les avantages que l'on ferait à l'un des héritiers par dessus les autres ». Nous ne suivrons pas cet auteur jusqu'au bout, lorsqu'il prétend démontrer l'ancienneté de la règle par la nécessité « de maintenir cette égalité à l'égard d'hommes guerriers et féroces, tels qu'étaient nos ancêtres, plus susceptibles que d'autres de jalousie et toujours prêts à en venir aux mains et aux meurtres pour les moindres sujets ». C'est oublier que le droit d'aînesse était apparu de très bonne heure, avant même le régime féodal, et que si les coutumes germaniques ne le connaissaient pas (ce dont on n'est d'ailleurs pas absolument certain), c'est en elles qu'il a sa source lointaine. « Lorsque le moyen

âge, dit un auteur contemporain, fait du droit d'aînesse
le pivot de la société féodale, il se borne à appliquer,
dans leur plus pure essence, les règles de la famille
germanique (1). » Il ne faut donc pas chercher dans la
nécessité de contenir les passions guerrières le principe
de l'égalité des partages ; puisque précisément cette
égalité en droit coutumier, n'existait pas dans les successions nobles.

L'égalité entre les cohéritiers, voilà la vraie base du
rapport ; tel est aussi, avec la défaveur du testament,
le fondement de la règle de l'incompatibilité des qualités de légataire et d'héritier (Bourjon, *Droit commun
de la France*, 2ᵉ part. *Des successions*, chap. IV, sect.
nº 2). Aussi le droit coutumier était-il plus sévère en
ce qui concerne les legs. Le rapport des donations n'est
exigé qu'en ligne directe descendante, tandis que l'in-
terdiction du cumul des legs avec la part héréditaire
s'étendait aussi à la ligne collatérale. Les auteurs donnaient pour raison de cette différence que « l'égalité est
beaucoup plus à désirer en ligne directe ».

C'était un peu répondre à la question par la question.
De nos jours, M. Demolombe (t. XVI, nº 158) a trouvé
une explication plus plausible : « Nos ancêtres, dit-il,
avaient cru que la préférence qui résultait d'un prélegs
pouvait être plus blessante, et susciter plus de jalousie
que celle qui résultait d'un don entre vifs.

(1) Beaune, *Droit coutumier français*, I, p. 197.

« Le don entre vifs ! Il est antérieur, et c'est chose passée ? Presque toujours, d'ailleurs, il a été déterminé par des causes particulières et personnelles aux donataires qui peuvent, sinon le justifier tout à fait, du moins très souvent l'expliquer.

Mais le legs, au contraire, fait éclater la préférence et l'inégalité *dans la succession elle-même*, et il n'est pas, en général, motivé par des circonstances pareilles à celles qui déterminent souvent la donation, comme, par exemple, un établissement par mariage (1). »

Pour nous, quels que soient les raisonnements sur lesquels on appuie les explications de cette différence entre les dons entre vifs et les legs dans notre ancien droit, nous remontons à la source et nous ne voyons d'autre raison certaine que la tradition historique hostile aux dispositions testamentaires.

Ce n'était d'ailleurs pas la seule différence qui existait entre eux, et nous reviendrons sur ce sujet que nous avons abordé ici à cause de sa relation avec le point dont nous nous occupons.

Beaucoup d'auteurs anciens avaient voulu trouver un fondement juridique à cette incompatibilité : le titre universel d'héritier, disaient-ils, empêche celui de légataire, car l'héritier étant le continuateur de la per-

---

(1) Pothier disait que les coutumes se contentaient qu'il y eût égalité entre les cohéritiers dans les biens de la succession qu'ils avaient à partager « ne faisant point d'attention à ceux qui, ayant été donnés entre vifs, ne font plus partie de cette succession ».

sonne du défunt et subrogé par conséquent dans tous les droits qui appartenaient à ce dernier, ne peut être légataire, même en ligne collatérale, sans être créancier de la succession, et par conséquent de lui-même (V. Ferrière sur l'art. 300 de la Coutume de Paris).

L'argument n'était que spécieux et Pothier l'avait réduit à néant : « Ces dispositions, dit-il, ne sont fondées sur aucune incompatibilité naturelle qu'il y ait entre les qualités d'héritier et de légataire ; il y en a bien une entre ces deux qualités pour la portion à laquelle on succède comme héritier, on ne peut pas être légataire d'une chose pour la portion à laquelle on succède en qualité d'héritier ; car, ayant acquis cette portion en qualité d'héritier, je ne peux pas l'acquérir une seconde fois en qualité de légataire. *Quod meum est, meum amplius fieri non potest* ; je ne peux pas être créancier comme légataire de la chose qui m'est léguée pour la portion dont j'en serais comme héritier le débiteur, ces deux qualités de créancier et de débiteur se détruisant dans une même personne ; mais si le legs fait à un héritier ne peut pas, par la nature des choses, valoir pour la part qu'il a lui-même dans la chose léguée, si ces deux qualités sont incompatibles pour cette portion, la nature des choses n'empêche nullement que le legs fait à l'héritier ne soit valable pour les portions de ses cohéritiers dans la chose léguée, *legari a semetipso non potest, a cohærede potest.* »

Lebrun (liv. III, chap. VII, n° 1) donnait une autre

raison : l'incompatibilité des qualités d'héritier et de
légataire n'avait d'autre objet, suivant lui, que de maintenir les propres dans chacune des lignes à laquelle ils
appartenaient. On voulait éviter qu'un héritier des
propres paternels pût en même temps être légataire
des propres maternels. « De tels prélegs, disait il, qui
se feraient bien plus communément que les donations
entre vifs, ruineraient entièrement cette destination et
cette affectation des propres à leur ligne... » Cette explication ne vaut rien, et il est inutile de s'y arrêter.
En effet, Lebrun ne voyait pas que précisément l'incompatibilité cessait dans le cas qu'il indique : rien
n'empêchait, ainsi que nous le verrons, l'héritier des
propres d'une ligne d'être légataire des propres de
l'autre ligne.

Le principal défaut de ces théories est de transposer
dans le domaine du droit coutumier les idées et les
principes du droit romain. Ces deux législations suivent
des courants opposés, et si elles s'influencent l'une
l'autre, elles conservent chacune leur caractère propre
et distinctif, il faut éviter soigneusement d'appliquer à
l'une les principes de l'autre.

En matière de successions principalement, il ne faut
pas raisonner sur les règles coutumières avec les idées
romaines, et prétendre trouver dans une législation qui
fait de la volonté de l'homme et du testament la base
de tout son droit successoral, des explications à une
autre législation qui s'attache au contraire à restreindre

dans d'étroites limites la liberté de tester. Chacune de ces législations est logique avec elle-même, mais il faut laisser chacune dans son domaine propre. De deux choses l'une, en effet : ou vous admettez pour l'homme la faculté de disposer de ses biens après sa mort, et alors puisque sa volonté fait loi, il faut l'exécuter intégralement ; c'était là le principe du droit romain, *uti legassit super pecunia tutelave suæ rei, ita jus esto* ; ou bien, vous ne reconnaissez à l'homme de pouvoir sur ses biens que pendant la durée de son existence, et vous faites en quelque sorte une loi d'ordre public de la dévolution légale de son patrimoine à son décès, et par suite, toute disposition tendant à violer cette loi doit être annulée : c'est le principe germanique et coutumier. Le droit romain ayant peu à peu tempéré la rigueur du droit coutumier, on n'apercevait plus les vrais motifs qui avaient motivé les règles du second, et on cherchait dans le droit romain un fondement juridique à une règle dont l'origine était précisément étrangère à ce droit, qui lui était même contraire, opposée.

L'incompatibilité des qualités d'héritier et de légataire est une maxime d'origine essentiellement germanique et elle a son fondement dans un vœu d'égalité.

Examinons maintenant quelles étaient l'étendue et la portée d'application de notre maxime coutumière ?

Il convient de les considérer sous plusieurs rapports :

1° Au point de vue territorial ;

2° Au point de vue des personnes.

1° La règle de l'incompatibilité était plus ou moins absolue suivant les provinces.

On a classé à ce sujet les coutumes en plusieurs catégories :

La première était celle des coutumes dites d'*égalité*, dans lesquelles l'héritier ne pouvait être légataire du défunt, et cela dans tous les cas, qu'il vînt à la succession ou qu'il y renonçât, et quand bien même le *de cujus* aurait exprimé la volonté contraire. On peut citer entre autres, les coutumes de Dunois (art. 64), Lodunois (ch. 19, art. 12), Touraine (art. 309), Anjou (art. 260 et 334), Maine (art. 346).

La deuxième catégorie comprenait les coutumes dites de *simple égalité* qui, tout en interdisant le cumul sur la même tête des qualités de légataire et d'héritier, donnaient néanmoins à ce dernier la faculté de prendre le legs à la condition qu'il renonçât à la succession. Le testateur ne pouvait pas faire un legs par préciput, mais le legs n'était pas absolument inutile, s'il était d'une certaine importance ; car il ouvrait à l'héritier un droit d'option entre le legs et sa part héréditaire. S'il acceptait la succession, le legs était caduc ; s'il y renonçait, il pouvait le conserver ou plutôt le réclamer. Aussi a-t-on appelé ces coutumes, coutumes d'*option* ou d'*égalité en partage*. Elles étaient les plus nombreuses à la fin de l'ancien régime, et on peut dire qu'elles formaient la règle générale des pays coutumiers. C'est à cette seconde classe qu'appartenaient les coutumes de Paris (art. 300) et d'Orléans (art. 288).

La troisième classe était celle des coutumes dites de *Préciput*. Ici, non seulement l'héritier gratifié d'un legs par le défunt pouvait en recueillir le bénéfice, en renonçant à la succession, mais le *de cujus* pouvait faire échec à la règle commune, et donner à sa libéralité une forme préciputaire.

Ces coutumes étaient les moins nombreuses : citons celles du Nivernais, ch. 27, art. 11 ; du Berry, tit. 19, art. 42 ; du Bourbonnais, art. 368 ; de Reims, art. 288 et 302 ; de Tournai, tit. 23, art. 4 ; du Poitou, art. 216.

Les coutumes de Péronne (art. 205) et de Noyon (art. 16) exigeaient que les legs fussent conçus par forme de *prélegs* et *hors part*. On s'était demandé si la même condition devait être imposée dans les autres coutumes de préciput qui ne s'en expliquaient pas. L'ancienne jurisprudence s'était prononcée dans le sens de la négative, et elle avait même dit que dans les coutumes dont il s'agit, les expressions *prélegs* et *hors part* n'étaient pas obligatoires et qu'il pouvait y être suppléé par des termes équivalents.

Les trois catégories que nous venons d'énumérer ne comprenaient pas encore toutes les coutumes. La diversité était en effet si grande en cette matière que Lebrun, dans l'énumération qu'il faisait des différentes sortes de coutumes, s'était arrêté en disant : « On n'aurait jamais fini, si l'on voulait rapporter toutes les dispositions des coutumes sur ce sujet. »

Nous ajouterons cependant deux autres classes de

coutumes : une quatrième classe qui prenait le contre-pied de la règle et qui interdisait le rapport d'une façon absolue même au cas où les donations avaient été faites en avancement d'hoirie (C. d'Artois, art. 18 ; de Valenciennes, art. 107).

Dans la cinquième classe enfin, on peut faire rentrer les *Coutumes muettes*, c'est-à-dire celles qui ne contiennent aucune disposition relative à la question. La question était agitée de savoir si l'on devait y appliquer aussi la règle de l'incompatibilité. Les uns voulaient que l'on y suivît les dispositions de la coutume de Paris. Pothier, en rapportant un arrêt contraire à cette doctrine, se rangeait à l'opinion qu'il consacrait, disant que le point lui paraissait « bien jugé » « car ces Coutumes, dit-il, n'étant fondées que sur des raisons arbitraires qui ne sont point prises dans la nature des choses, ni dans aucune équité naturelle, ne doivent pas être étendues hors de leur territoire, ni restreindre, dans les provinces qui n'y sont pas soumises, la liberté naturelle que chacun a de disposer comme bon lui semble de ses biens. D'ailleurs, n'y ayant pas d'uniformité sur ce point dans les différentes Coutumes, il n'y a pas de raison de suivre plutôt celle de Paris qu'une autre, et on ne peut pas dire que sa disposition générale contienne le droit général du pays coutumier qu'il faille suivre dans les Coutumes qui ne s'en sont point expliquées. »

Ricard (*Traité des donations*) était d'un autre avis,

mais il raisonnait autrement. Pour lui, la matière des
donations et des testaments ayant été tirée du droit romain, on devait en suivre les principes toutes les fois
que les coutumes n'y dérogeaient pas formellement. Et
comme Ricard interprétait la Novelle 18 dans le sens
d'une prétendue incompatibilité entre les qualités d'héritier et de légataire, il étendait cette règle à toutes les
coutumes qui n'avaient pas sur ce point de disposition
formelle. On devait y appliquer le droit romain comme
raison écrite, et le droit romain était, d'après Ricard,
d'accord avec le droit coutumier. Nous avons vu ce
qu'il faut penser de cette opinion et nous ne reviendrons pas sur ce que nous avons dit.

Nous avons donné une classification des coutumes
en quelque sorte chronologique. Nous pensons avec
Pothier, et cette affirmation résulte naturellement de
la genèse de notre maxime, que les plus nombreuses
furent, du moins au début, les coutumes d'égalité parfaite. C'est principalement dans l'ouest de la France
que nous les rencontrons, là où le vieux droit coutumier se conserva le plus longtemps intact. Les coutumes de simple égalité en dérivaient sans aucun doute,
et « en permettant à l'héritier présomptif de conserver
les avantages qui lui sont faits en renonçant à la succession, elles paraissent, dit Pothier, avoir abandonné
en cela l'esprit de notre droit ancien, et en avoir seulement retenu la lettre par cette subtilité que la loi défen-
dant les avantages aux *héritiers*, celui qui renonçait à

la succession, n'étant point héritier au moyen de sa renonciation, ne se trouvait plus compris dans la prohibition de la loi ».

2° Après avoir donné un aperçu géographique, aussi exact que possible, de notre maxime d'incompatibilité, il convient de préciser les cas d'application à un double point de vue : au point de vue des biens et au point de vue des personnes.

Au point de vue des biens. — La confusion la plus grande n'a cessé de régner dans notre ancien droit sur cette matière, et il paraît très difficile d'en dégager une règle générale. Cela provient de ce qu'on a perpétuellement mélangé les principes du droit romain et ceux du droit coutumier, prétendant les expliquer les uns par les autres, alors que, nous l'avons vu, il importait au plus haut point de les distinguer soigneusement.

Il ne faut pas oublier, et l'on ne saurait trop y insister, que la règle : « Nul ne peut être à la fois héritier et légataire », est d'origine essentiellement germanique et coutumière, et que, le droit romain, y étant complètement étranger, il faut le laisser entièrement de côté. M. Demolombe l'a parfaitement reconnu : « Avant tout, dit-il (t. XVI, n° 156), nous devons rappeler la distinction capitale qui existait entre les deux règles, savoir : La règle du rapport et la règle de l'incompatibilité des qualités d'héritier et de légataire.

Ces deux règles étaient fort distinctes, et il faut bien se garder de les confondre.

La première, que nos anciennes coutumes avaient empruntée au droit romain, était relative aux dons entre vifs ; tandis que la seconde, d'origine nationale et essentiellement coutumière, ne concernait que les legs. »

Cela posé, pour donner à notre règle un sens plus précis, nous croyons qu'il faut la compléter en ajoutant à la phrase : « Nul ne peut être à la fois héritier et légataire », ces simples mots *pour une même succession.*

On sait, en effet, que, suivant le droit coutumier, le patrimoine laissé par le défunt comprenait plusieurs espèces de biens. On distinguait d'une part les propres, et d'autre part les conquêts immeubles, les meubles et les acquêts. Chacune d'elles formait un ensemble, une masse de biens spéciale et distincte, dont la dévolution héréditaire s'opérait séparément et d'après des règles différentes, de sorte que l'héritier des propres paternels ne recueillait point les propres maternels et réciproquement, du moins en principe ; la succession aux meubles et acquêts était de même réglée à part. Il y avait, en réalité, non pas *un* patrimoine, mais *plusieurs*, non pas *une* succession, mais *autant* de successions que d'espèces de biens, au point que, si tous les biens laissés par le *de cujus* étaient dévolus à une même personne, celle-ci pouvait très bien recueillir les uns et répudier les autres. La qualité d'héritier n'était pas *une*, comme en droit romain ; elle ne donnait pas un droit abstrait, indépendant des biens auxquels elle s'appliquait ; elle se *divisait* au contraire avec eux, s'incorporait en quelque sorte à eux.

L'héritier des acquêts n'était pas l'héritier des propres, et réciproquement ; et si la même personne était appelée à recueillir les biens en qualité d'héritière, elle pouvait prendre vis-à-vis d'eux, autant de partis différents qu'il y avait de sortes de biens, de patrimoines.

Ce n'est pas encore assez dire, et nous devons encore aller plus loin. Non seulement le patrimoine héréditaire se divisait suivant la *nature* des biens dont il se composait, mais il se divisait encore suivant la *situation* des biens, du moins pour les immeubles. Ce que nous avons dit est donc suffisant, s'il s'agissait de meubles, dont la succession était réglée suivant le domicile du défunt, mais ne l'est plus si l'on considère les successions composées d'immeubles ; car les immeubles situés dans le ressort d'une coutume étaient distincts, au point de vue successoral, de ceux qui étaient situés sur le territoire d'une autre coutume. Ainsi une succession comprenant des héritages situés dans la coutume de Paris, et des héritages situés en Normandie, formaient en réalité *deux successions* : la première, composée des biens situés à Paris, était réglée suivant la coutume de Paris ; la seconde, embrassant les biens situés en Normandie, l'était suivant la coutume de Normandie.

Autant de coutumes, autant de successions différentes. chaque coutume est renfermée dans ses limites, et elle est indépendante des coutumes voisines ; elle forme sous ce rapport une sorte d'État indépendant. Par conséquent, si les propres paternels, par exemple, sont situés dans trois coutumes, l'héritier pourra prendre autant de partis différents qu'il y a de coutumes où sont situés les biens.

Il est facile dès lors de se rendre compte de la portée de la règle : nul ne peut être héritier et légataire. Elle empêche bien qu'on ne soit héritier et légataire *pour une même succession*, c'est-à-dire pour une *même nature* de biens situés, s'il s'agit d'immeubles, dans *une même coutume* ; mais elle ne s'oppose nullement à ce qu'une personne soit en même temps héritière des propres paternels et légataire des propres maternels, et *vice versa*. Elle ne saurait non plus empêcher l'héritier des propres paternels qui a reçu en même temps un legs de son père, de cumuler les deux qualités d'héritier et de légataire, si ces propres sont situés dans des coutumes différentes, et, par exemple, d'être héritier des propres situés à Paris et légataire des propres situés en Normandie. Il pourra opter pour l'une ou l'autre de ces qualités à son choix, sans être astreint à prendre la même détermination à Paris et en Normandie.

Cela n'est vrai toutefois, remarquons-le, que pour les coutumes d'option ou de préciput, car si les biens dépendent d'une coutume d'égalité parfaite, l'héritier ne peut plus se porter légataire.

Duplessis enseignait cette doctrine (*Traité sur la coutume de Paris*, tome Ier, p. 804 ; in f° 1754), et il l'avait exposée très nettement à propos d'une espèce caractéristique. Il s'agissait de la succession d'un certain Vincent Hotman, intendant des finances, décédé à Paris, laissant un frère et des neveux. Il avait institué son frère légataire universel, ce frère étant déjà son héritier. La succession comprenait des meubles, des acquêts et des propres. Il y avait lieu de régler successivement et séparément la succession des meubles et celle des propres.

A l'égard des meubles, la question était simple. Ils suivent le domicile du défunt, et sont dévolus suivant la coutume de ce domicile, quelle que soit leur situation. Le légataire universel les recueillait donc tous, qu'ils fussent situés à Paris ou sur le territoire de coutumes où il n'était pas légataire.

Quant aux immeubles, la succession en était réglée suivant la coutume du lieu.

Légataire universel à Paris, le frère du défunt prenait en cette qualité tous les conquêts immeubles et le quint seulement des propres, les quatre-quints étant réservés aux neveux du défunt qui venaient à la succession par représentation de leur mère.

A Senlis, dont la coutume n'admettait pas la représentation en ligne collatérale, ce frère optait pour la qualité d'héritier et recueillait à ce titre la totalité des conquêts et des propres, puisqu'il excluait ses neveux plus éloignés que lui d'un degré.

A Meaux, la représentation n'avait pas lieu non plus.

Même solution : le frère se portait héritier et prenait la totalité des propres.

De même en Normandie, où il n'y avait que des propres. Dans la coutume de Châteauneuf en Nivernais, il n'y avait que des conquêts : le frère optait donc pour le titre de légataire universel et les prenait tous.

Ainsi, dit Duplessis, « il est légataire universel à Paris et à Châteauneuf ; il est héritier à Meaux, à Senlis et en Normandie. Il n'y a en cela aucune incompatibilité. Il suffit qu'il ne soit pas héritier et légataire dans la coutume qui dit qu'aucun ne peut être héritier et légataire.

Il satisfait à la coutume, il lui rend toute l'obéissance qu'il lui doit, quand il ne prend qu'une des deux qualités dans l'étendue du territoire qui est sous sa puissance. Il est uniquement légataire à Paris, cela lui est permis par la coutume de Paris ; et cette même coutume de Paris qui est renfermée dans ses limites n'a que voir s'il est héritier dans la coutume de Senlis. »

Pothier (*Successions*, chap. IV, art. III, § 1) exprimait la même opinion en disant que la coutume qui défend d'être héritier et légataire était un statut réel, et « les statuts réels, dit-il, exercent leur empire sur toutes les choses situées dans leur territoire indifféremment, à l'égard de toutes sortes de personnes ». « C'est donc, ajoute-t-il, la coutume du lieu où l'héritage légué est situé qui doit décider, et non celle du lieu où le testateur avait son domicile. C'est pourquoi, si un testateur demeurant dans la coutume de Reims, qui permet les prélegs faits aux héritiers, lègue à un de ses héritiers un héritage situé dans le territoire de la coutume de Paris, ce legs ne sera pas valable, parce que la coutume de Paris qui défend ces prélegs, exerce son empire sur tous les héritages situés en son territoire indifféremment à l'égard de toutes sortes de personnes, et par conséquent même à l'égard de ce Rémois ; au contraire, un Parisien peut faire un prélegs d'un héritage situé à Reims, parce que la coutume de Paris, qui défend les prélegs, ne peut avoir d'empire que sur les héritages situés dans son territoire, et ne peut empêcher le prélegs d'un héritage situé dans une coutume qui le permet. »

C'est ainsi encore que dans une coutume qui n'attachait aucune prérogative au double lien, un frère consanguin ou utérin pouvait être héritier avec les frères germains du défunt et être également légataire dans une autre coutume qui reconnaissait le privilège du double lien et dans laquelle il ne pouvait se porter héritier.

L'interprétation de la règle d'incompatibilité avait donné lieu, de la part des auteurs et de la jurisprudence, à des subtilités juridiques. C'est ainsi qu'on discutait la question de savoir si un testateur pouvait léguer à un de ses héritiers sa portion héréditaire, et en même temps l'avantage d'un prélegs, dans les limites permises par les réserves coutumières. En ce cas « l'héritier devenu légataire par la volonté du testateur prend la portion à lui léguée et le prélegs, non à titre d'héritier, mais à titre de légataire, ce qui serait différent, si le testateur au lieu de léguer la portion héréditaire à l'un de ses héritiers s'était contenté de lui faire un simple legs... d'où il s'ensuit qu'il ne faut pas confondre un legs d'une portion héréditaire jointe à un prélegs, avec un simple legs, car le legs d'une double portion héréditaire faite à un collatéral est valable, sauf les réserves coutumières » (Bardet, *Recueil d'arrêts du Parlement de Paris*, t. II, liv. III, ch. XI. Voy. aussi Lebrun, *Successions*, p. 457, n° 15). Cependant deux arrêts du Parlement de Paris avaient repoussé cette doctrine. Autre chose est de disposer soi-même ou de vouloir que la loi dispose. Ainsi la qualité de fils aîné et principal héritier conférée par un contrat de mariage était incompatible avec celle de légataire pour cette raison qu'un héritier principal qui prend sa part héréditaire dans tous les biens de la succession est un véritable héritier et que, partant, il ne pouvait plus être légataire. Mais si un enfant déclaré héritier principal, voulait s'en tenir aux biens que son père avait au jour de la déclaration, il pouvait être légataire, attendu que, dans ce cas, il n'était qu'héritier contractuel et qu'il ne prenait rien que de la main de l'homme.

Au point de vue des personnes. — Ici les cas d'application de la règle, au lieu d'être restreints, étaient au contraire beaucoup plus étendus même que dans le

Code civil. Sous l'empire du Code, les legs adressés au fils ou au conjoint du successible n'étaient point assujettis au rapport. Le droit coutumier en décidait autrement : les enfants étaient obligés de laisser à la masse, non seulement ce qui leur était légué à eux-mêmes, mais encore les legs faits à leurs propres enfants ou à leur conjoint, parce qu'ils en profitaient. Toutefois dans les coutumes autres que les coutumes d'égalité parfaite, cette rigueur était limitée à la ligne directe descendante ; car en ligne collatérale, le legs fait aux enfants ou au conjoint d'un héritier était parfaitement valable.

C'était là ce qu'on a appelé le *rapport pour autrui*; s'il n'est plus en vigueur aujourd'hui, c'est que, le Code permettant les avantages aux héritiers dans les limites de la quotité disponible, on n'a pas à craindre les artifices de la part du défunt pour éluder les prescriptions légales. Dans l'ancien droit, au contraire, les prélegs étant prohibés, on pouvait redouter de la part du *de cujus* des fraudes possibles dans le but de tourner les prohibitions gênantes des coutumes.

Le procédé le plus fréquemment employé était celui de l'interposition de personnes : comme on ne pouvait pas gratifier ouvertement son héritier, on adressait en apparence la libéralité à son fils ou à son conjoint ; mais en réalité, le véritable bénéficiaire était le successible et une clause secrète chargeait son fils ou son conjoint de lui faire parvenir le bénéfice de la libéralité.

Le droit coutumier prévenait ces fraudes en établis-

sant une présomption absolue d'interposition de personnes. Il y avait doute toutefois pour les legs faits au
père ou au conjoint du successible ; on décidait généralement qu'ils étaient annulés dans la mesure seulement du profit qu'en retirait l'héritier. Il est à noter
que le rapport pour autrui n'avait lieu qu'en ligne directe et non en ligne collatérale. Les héritiers collatéraux n'étaient tenus de rapporter que ce qui leur avait
été légué à eux-mêmes ; les legs faits à leurs enfants
étaient parfaitement valables. Il y avait exception toutefois pour les coutumes d'égalité.

Quels étaient les héritiers atteints par la règle de
l'incompatibilité ?

Nous avons en première ligne les enfants et tous les
héritiers en ligne directe descendante.

Quid des ascendants ? On distinguait suivant les coutumes. Pour les coutumes muettes, la solution n'était
pas douteuse. Cette incompatibilité, n'étant pas « naturelle » pour employer une expression de Pothier, ne
devait pas être étendue aux coutumes qui ne l'ordonnaient pas expressément.

Pour les coutumes qui se bornaient à poser la règle,
en termes généraux, la question était controversée entre les auteurs, mais la jurisprudence s'était prononcée
pour le parti de l'incompatibilité. Un père ou un aïeul
ne pouvait être héritier et légataire des meubles et
acquêts. On avait même décidé qu'il ne pouvait être
légataire des propres maternels qui étaient déférés par

la coutume aux héritiers collatéraux ; seulement, dans
ce cas le motif n'était pas dans une incompatibilité,
c'était seulement afin que les propres ne pussent remonter et cela, contre l'intention de la coutume. Ricard
soutenait que les héritiers d'une ligne n'étaient pas
« tout à fait étrangers à l'égard des biens d'une autre
ligne, y pouvant succéder au défaut des héritiers ligna-
gers », et qu'en conséquence la règle de l'incompatibilité des qualités d'héritier et de légataire recevait ici
son application. Le maître répondait avec raison que la
règle d'incompatibilité n'avait d'autre but que de faire
régner l'égalité entre les cohéritiers ; l'article 330 de la
coutume de Paris, ne faisant que subroger l'héritier
d'une ligne au défaut des héritiers de l'autre, ne les ren-
dait point aux cohéritiers. En conséquence, si le père ou
l'aïeul ne pouvait être légataire des propres maternels,
ce n'était pas parce que, pouvant en être éventuellement
héritier, il y avait incompatibilité, mais bien par application de l'article 313 de la coutume de Paris disposant
que « les propres ne remontent point ».

La règle de l'incompatibilité recevait-elle son application en ligne collatérale ? Merlin (*Répertoire*, tome V,
p. 686, édit. de 1812) s'en rapportait « aux principes
de la raison naturelle » pour décider qu'il n'y avait incompatibilité en ligne collatérale que dans les coutumes qui le déclaraient expressément (Cout. d'Étampes,
art. 109 ; Dourdan, art. 106 ; Grand Perche, art. 123) ;
et aussi dans celles qui décidaient *indéfiniment* qu'on
ne pouvait être héritier et légataire.

Pouvait-on être héritier et fidéicommissaire ? Les auteurs et la jurisprudence étaient partagés relative- ment au point de savoir si l'incompatibilité s'étendait aux qualités d'héritier et de fidéicommissaire. Ricard et Lebrun optaient pour l'affirmative ; quant à la juris- prudence, elle était assez incertaine. Merlin (*Réper- toire*) rapporte quatre arrêts du Parlement de Paris qui s'étaient prononcés pour la négative, jugeant qu'on pourrait être héritier d'un défunt et recueillir par la suite, à titre de substitution, un legs fait par le défunt à un étranger, à la charge de le rendre à l'héritier, dans le cas où le légataire viendrait à mourir avant sa majorité ou son établissement. Le Parlement donnait comme raison que l'héritier, relativement à ses co-hé- ritiers dans la succession du testateur, ne prend rien de *présent* qu'en qualité d'héritier ; que si, par la suite, il profite du legs fait à un tiers, il le prend dans les biens et contre les héritiers de ce tiers ; qu'ainsi il ne réunit pas dans la même succession la qualité d'héritier et de légataire envers ses cohéritiers.

Qui pouvait opposer la règle de l'incompatibilité ?

La solution dérive des principes déjà posés : cette règle avait pour but de maintenir l'égalité entre les *cohéritiers* il fallait donc venir à la succession en qualité d'héri- tiers pour pouvoir l'opposer. C'est ce que Merlin expri- mait fort justement : « L'allégation de l'incompatibilité doit être rejetée dans tous les cas où elle n'opérerait rien en faveur de celui qui l'opposerait. »

Par conséquent les héritiers d'une autre ligne que celle à laquelle appartenait le légataire, les légataires universels et à plus forte raison les étrangers à la succession ne pouvaient opposer la règle. De même un parent qui se trouve être au même degré de parenté que le légataire, et qui est pourtant exclu de la succession par une coutume particulière. Ainsi dans les coutumes qui accordaient un privilège à la masculinité, où les mâles excluaient les femmes au même degré, les sœurs n'étaient pas recevables à recueillir les propres, sous prétexte que leur frère était déjà légataire des meubles et acquêts.

De même encore, l'acceptation par un héritier présomptif d'un legs contenu dans le testament du défunt n'équivalait de sa part à une abdication tacite et virtuelle de la qualité d'héritier, qu'autant qu'il se trouvait des parents du même degré et aussi habiles à succéder que lui, pour profiter de sa renonciation (V. Merlin, *Répert.*, t. V, p. 688, édit. de 1812).

Nous avons terminé le tableau du droit coutumier sur les legs faits aux héritiers. Peu de matières offrent une plus grande diversité entre les coutumes et plus de controverses entre les jurisconsultes, aussi avons-nous élagué les détails qui auraient pu y mettre trop de confusion.

La pensée qui se dégage de tout cet amas de dispositions est celle que nous avons formulée au début : le vœu de maintenir l'égalité entre les héritiers, surtout en ligne directe, et cela, afin de prévenir les désaccords et d'éteindre les haines à leur source même.

Mais notre ancien droit avait dépassé le but, et sous prétexte d'égalité, il avait porté une atteinte beaucoup trop grande aux droits de la puissance paternelle. Le père de famille se trouvait désarmé en présence des écarts de conduite possibles des enfants, et dans l'impuissance de réparer l'infériorité qui résultait pour certains enfants d'infirmités physiques ou morales, infirmités qui créaient entre les enfants une véritable inégalité. Guy Coquille avait condamné un semblable système dans des termes énergiques (*Institution au droit français, donations*). « On dit que les coutumes qui défendent les avantages sont pour éviter les mécontentements et les envies entre les enfants, dont bien souvent adviennent les discordes ; mais aussi c'est une grande servitude et misère aux pères et mères de n'avoir pas la liberté de leurs biens, et n'avoir aucun moyen de récompenser les services et officiosités de leurs enfants, et tenir en subjection et crainte ceux qui ne leur sont pas obséquieux. Avoir la liberté de disposer de ses biens envers un étranger, et ne l'avoir pas envers ses enfants qui doivent toute subjection et obéissance ! Se reconnaître être subject à l'endroit où l'on doit commander ! Et tout bons et obéissants que soient les enfants, c'est grand ennui à un bon et honnête cœur de sentir sa servitude et privation de liberté. »

Ce jugement sévère était certes mérité. Le droit coutumier « sous prétexte de préserver les familles contre les querelles intestines, en altérait profondément la discipline intérieure » (Beaune, *Droit coutumier*, t. III, p. 416).

Soyons justes cependant. Si le droit coutumier avait méconnu les droits de la puissance paternelle, du moins sur ce point particulier, on ne peut lui refuser une certaine logique doctrinale.

Le droit coutumier, en effet, ne considérait point comme un rapport à succession l'impossibilité pour l'héritier de recueillir le legs à lui fait par le défunt, et il échappe par là à la critique qu'on a pu adresser au Code civil qui, lui, avait assimilé complètement le legs et la donation au point de vue du rapport, appliquant indifféremment à l'un ou à l'autre une expression impropre pour le legs. La règle de l'incompatibilité des qualités d'héritier et de légataire était uniquement une limitation, une entrave à la liberté de tester ; aussi Pothier n'osait-il pas dire que les legs étaient assujettis au rapport ; reconnaissant seulement une grande analogie entre les règles du rapport et de l'incompatibilité, il disait que c'était « une espèce de rapport » que les coutumes ordonnaient pour ceux qui étaient en même temps héritiers et légataires.

Il faut reconnaître aussi que les coutumes d'égalité parfaite, qui interdisaient à l'héritier de prendre son legs même en renonçant à la succession, étaient les plus conséquentes avec elles-mêmes. Le principe une fois admis, il est illogique d'y permettre la moindre dérogation ; sinon, on ne peut s'expliquer que la loi pose des obstacles et donne en même temps toute facilité de les lever.

CHAPITRE III

La Révolution française devait, en vertu de son principe même, être portée à généraliser les dispositions égalitaires. Après avoir aboli le régime féodal, elle s'appliqua, avec un soin jaloux, à en activer la destruction et à favoriser le plus possible, dans ce but, le morcellement des propriétés et la division des fortunes.

Elle trouva, dans les coutumes d'égalité parfaite, le type idéal de législation successorale qui répondît au but poursuivi par elle. Aussi fit-elle de leurs dispositions la loi générale de la France.

Dès l'année 1790, les droits d'aînesse et de masculinité ainsi que les partages inégaux à raison de la qualité des personnes, étaient abolis par l'Assemblée Constituante (décret des 15-28 mars 1790, tit. 1, art. 11).

Le décret des 8-15 avril 1791 décidait : « ... Tous héritiers en égal degré succéderont par portions égales aux biens qui leur sont déférés par la loi : le partage se fera de même par portions égales, dans chaque souche, dans le cas où la représentation est admise » (art. 1er).

Ce décret n'avait d'autre portée que de supprimer définitivement le droit d'aînesse, conséquence forcée de l'extinction du régime féodal. Il ne touchait pas à la liberté de tester.

Aussi le droit d'aînesse, supprimé en droit, pouvait-il se maintenir en fait dans les familles nobles, au moyen des libéralités testamentaires, au moins dans les coutumes de préciput, ou même de simple égalité.

Pour empêcher ce résultat, la loi des 7-11 mars 1793 commença par abolir en ligne directe la faculté de disposer de ses biens, soit à cause de mort. soit entre vifs, soit par donation contractuelle... « En conséquence, ajoutait-elle, tous les descendants auront un droit égal sur le partage des biens de leurs ascendants. »

La loi du 5 brumaire an II (26 octobre 1793) et après elle la loi du 17 nivôse (6 janvier 1794) firent du partage égal des successions non plus seulement en ligne directe, mais entre tous les héritiers, une loi d'ordre public, et ne permirent pas d'y déroger, soit par donation, soit par testament ; et l'héritier n'eut même pas la faculté de garder les libéralités en renonçant à la succession. C'était la généralisation du système des coutumes d'égalité parfaite.

La loi du 4 germinal an VIII (25 mars 1800) fut le point de départ d'une réaction contre le principe trop absolu de l'égalité des partages, consacré par la loi du 17 nivôse an II. Avec elle, la faculté pour le successible de cumuler sa part héréditaire, avec les libéralités à lui faites jusqu'à concurrence de la quotité disponible, s'implanta définitivement dans la législation française. Elle abandonna en effet le système des coutumes d'égalité parfaite pour adopter celui des coutumes de préciput : « Les libéralités autorisées par la présente loi pourront être faites au profit des enfants ou autres successibles sans qu'ils soient sujets à rapport. »

Une controverse s'était élevée sur le sens à donner à cet article. La faculté qu'il accordait résultait-elle du seul fait de la libéralité, ou exigeait-on en outre une manifestation de volonté du donateur ou du testateur ?

En d'autres termes, les libéralités faites à un successible impliquaient-elles *ipso facto* et de plein droit dispense tacite de rapport, ou bien étaient-elles rapportables en cas de silence du testateur ?

La jurisprudence s'était prononcée en ce dernier sens. Un arrêt de la Cour de Riom, en date du 21 juin 1809, rapporté par Grenier (*Traité des donations*, 4ᵉ partie, ch. I, sect. I), avait décidé que la préposition *sans que,* employée par la loi de germinal, équivalait à ces expressions : « les dites donations ne seront sujettes à rapport ». La loi aurait donc organisé une dispense légale de rapport (dans la limite de la quotité disponible) pour les libéralités qui s'adressaient aux héritiers, en sorte que le rapport n'aurait été exigé que si le *de cujus* l'eût imposé.

Des auteurs soutenaient (Chabot, *Questions transitoires*, t. 2, p. 491 ; Grenier, *loc. cit.*) que, la loi du

4 germinal an VIII n'ayant pas donné de nouvelles règles à ce sujet, on devait s'en tenir aux lois anciennes, puisqu'il n'y était pas dérogé.

Notre avis est que ni l'une ni l'autre de ces opinions n'est dans le vrai. La loi de germinal s'était simplement bornée à lever la prohibition des coutumes d'égalité et de la loi du 17 nivôse an II, et à permettre le cumul des qualités d'héritier et de donataire ou de légataire. Nous pensons qu'il y a une relation étroite entre les deux parties de l'article rapporté plus haut, et que cet article a voulu dire que les libéralités pouvaient être faites avec dispense de rapport.

Comment supposer d'ailleurs que le Code civil, qui a augmenté la fraction disponible au préjudice des héritiers, se soit montré plus rigoureux que la loi de germinal pour la dispense de rapport? La vérité est que le Code civil s'en est tenu aux dispositions de cette loi à cet égard, et il exige une dispense expresse de rapport.

La loi du 4 germinal an VIII revenait au système romain. Mais, pas plus que le Code civil, elle ne faisait de distinction entre les dons entre vifs et les legs, au point de vue de la dispense du rapport.

Néanmoins, elle a fait un grand pas sur la législation antérieure. Elle a rompu définitivement avec les principes du droit coutumier sur l'égalité des partages.

Le testament va prendre une place de plus en plus

4

grande dans nos lois successorales, grâce surtout, comme nous le verrons, à la jurisprudence, qui donnera à la volonté de l'homme une importance prépondérante.

CHAPITRE IV

LE CODE CIVIL.

Au point de vue du rapport, le Code civil n'apporta aucun changement à la loi de germinal.

Tout successible doit le rapport, sauf dispense expresse. Telles sont ses dispositions dans l'article 843.

Le Code civil, pas plus que le droit intermédiaire, ne faisait de distinction, au point de vue du rapport, entre ces deux sortes de libéralités, pourtant si différentes, les donations et les legs. Il ne semble même pas avoir songé à la possibilité d'une différence de traitement entre les deux, et il les avait mis sur un pied absolu d'égalité.

Dans les travaux préparatoires du Code, on ne trouve aucune expression qui puisse laisser seulement soupçonner que le législateur s'y soit arrêté. « Le donateur et le testateur. disait Treilhard, seront libres de déclarer que leurs libéralités sont faites par préciput, et leur volonté recevra son exécution jusqu'à concurrence de ce dont ils pourront disposer. S'ils n'ont pas affranchi l'héritier de l'obligation du rapport, il ne pourra s'y soustraire ; ainsi, la volonté du défunt sera toujours la règle qu'on devra suivre tant qu'elle ne se trouvera pas contraire à la disposition de la loi (Fenet, *Travaux préparatoires du Code civil*, t. XII, p. 156 ; Locré, *Législation de la France*, t. X, p. 198).

Chabot, dans son rapport à l'assemblée générale du Tribunat, n'était pas plus explicite : « Il est dans les principes de l'équité que tout héritier rapporte à ses cohéritiers les dons et legs qu'il a reçus de la part du défunt, à moins qu'il n'en soit valablement dispensé... Le droit romain ne soumettait à la loi du rapport que les héritiers en ligne directe descendante ; il en exemptait les ascendants et les collatéraux.

« Plusieurs coutumes soumettaient également au rapport les héritiers de toutes les lignes ; et le projet de loi a préféré cette disposition générale, parce qu'elle est en effet la plus équitable, parce qu'elle est conforme au principe d'égalité qu'il faut tendre continuellement à établir dans toutes les successions, et qu'enfin, à l'égard des collatéraux et des ascendants, comme à l'égard des descendants, la présomption de la volonté est en faveur du rapport, lorsqu'il n'en a pas formellement dispensé, quoiqu'il en eût le droit (Fenet, t. XII, p. 201 ; Locré, t. X, p. 256).

Il était au moins étrange de parler de présomption de volonté dans le sens du rapport en matière de legs ; car il s'agit de savoir si une disposition de dernière volonté n'est pas précisément, et par sa nature même, réfractaire à toute idée de rapport. Nous retrouverons cette question. Mais cette remarque seule suffit à prouver que le législateur n'a pas eu dans l'esprit l'idée d'une différence à établir entre le legs et le don entre vifs. Nous le répétons, les rédacteurs du Code n'ont pas paru même s'en douter. Ils y ont si peu pensé que Chabot, en notant que le droit romain n'astreignait au rapport que les héritiers en ligne directe descendante n'a pas fait ressortir la différence qui existait dans cette législation entre le legs et la donation entre vifs.

Le droit romain et le droit coutumier avaient compris cette différence, et elle se traduisait dans les effets pratiques. Le législateur de l'an XI ne l'avait pas aperçue et il avait mis absolument sur le même pied les legs et les donations au point de vue du rapport. Les mêmes règles s'appliqueraient à ces deux sortes d'actes, sauf les exceptions résultant forcément de leur différence de nature, exceptions que nous aurons l'occasion de retrouver.

Il nous faut maintenant voir comment fonctionnait, sous l'empire du Code civil, la théorie du rapport appliquée aux legs, et par quels moyens la doctrine et la jurisprudence ont préparé les voies à la loi nouvelle du 24 mars 1898.

L'article 843 pose d'abord le principe : tout héritier... doit rapporter... ; il ne peut réclamer les legs à lui faits par le défunt... Ainsi se trouve reproduite notre vieille règle coutumière que nul ne peut être tout ensemble héritier et légataire. Ici, ce n'est pas la volonté de l'homme qui prévaut, c'est la volonté de la loi, c'est-à-dire le maintien de l'égalité dans les partages.

Tous les legs sans exception sont visés par l'ancien article 843, que ces legs s'adressent directement ou indirectement aux gratifiés. Voilà le principe. Et nous ne croyons pas qu'une distinction s'impose à ce sujet entre les dons et les legs. Il est vrai que la première partie de l'article parle à la fois des donations directes et indirectes, et que la seconde partie, où il est question à la fois des dons et des legs, ne reproduit pas les expressions : *directement* ou *indirectement*. Mais s'il n'est question dans la première partie que des donations entre vifs, ce n'est pas parce que le législateur voulait que les mots directement ou indirectement ne s'appliquassent qu'à elles, mais parce qu'il voulait éviter d'employer pour les legs l'expression impropre de *rapport*, sans songer à appliquer aux dons et legs des règles différentes ; et aussi parce que, si l'on recourt assez souvent à des procédés détournés, pour masquer des donations, les legs indirects ne sont que l'exception. Si le Code, dans un but d'égalité, anéantissait ainsi les legs faits par le défunt à ses héritiers, il n'allait pourtant point jusqu'à lui interdire d'avantager un ou plusieurs de ses héritiers sous forme de legs. L'égalité entre cohéritiers n'était pas imposée, comme dans l'ancien droit, même contre la volonté du défunt. Le *de cujus* pouvait la rompre et faire à certains héritiers une situation privilégiée. Mais il fallait pour cela que sa volonté fût clairement exprimée ; le legs fait par lui à l'héritier qu'il voulait avantager devait être déclaré *prélegs*, c'est-à-dire fait par préciput. Les legs, pour employer les expressions du Code, devaient être faits *expressément par préciput* et *hors part.*

Nous rappelons seulement pour mémoire la remarque faite par les auteurs sur la défectuosité de rédaction de l'article : les mots préciput et hors part expriment une seule et même idée sous des termes différents. Il eût mieux valu dire par préciput *ou* hors part. La nouvelle loi a d'ailleurs tenu compte de cette observation dans le deuxième alinéa du nouvel article 843.

Comment faut-il entendre le mot *expressément* ? Faut-il dire que le testateur, pour que sa disposition soit un prélegs, doit se servir des expressions mêmes indiquées par la loi ; doit-il dire : « Je lègue à X..., par préciput, hors part... » ou bien a-t-il le droit de manifester autrement son intention, pourvu qu'elle ne prête à aucune équivoque. Et dans ce dernier cas, devra-t-on exiger que cette intention soit exprimée dans l'acte même, ou admettra-t-on qu'elle puisse résulter soit de l'ensemble des clauses de l'acte, soit des circonstances extérieures ?

C'est ici que la controverse s'est donné libre carrière. M. Laurent (t. X, p. 625, n° 573) dit à ce propos : « Nous entrons ici dans une mer de doutes. » La doctrine est divisée ; quant à la jurisprudence, sauf de légères nuances qui existent entre les arrêts, elle a suivi une ligne de conduite à peu près constante. Avant de les examiner, nous aborderons les points qui sont

hors de contestation, afin de bien délimiter le champ de
la controverse.

Les rédacteurs du Code ont eu sous les yeux, au moment de la rédaction de l'article 843, le texte de la
Novelle 18, et ils en ont reproduit quelques termes. Les
mots : « à moins que les dons et legs ne lui aient été
faits expressément par préciput... » sont la traduction
de la phrase *nisi expressim designaverit testator se velle
non fieri collationem.* Le mot « *expressément* » doit donc
être interprété dans le sens du mot « *expressim* ». Or,
les lois romaines n'y attachaient pas une signification
littérale et rigoureuse, elles le prenaient dans le sens
de *evidenter.* La dispense de rapport, pour être valable,
doit être expresse, c'est-à-dire doit ressortir d'une
façon évidente des termes mêmes de la disposition.
C'est dans l'acte lui-même, dans l'écrit qui le constate,
que nous devons trouver l'intention de dispenser du
rapport. C'est des expressions mêmes dont s'est servi
le *de cujus* que cette dispense doit résulter. Et il faut
que ces expressions ne laissent place à aucune équivoque sur le sens des intentions du disposant. L'article 843 indique, à titre d'exemples, les termes suivants :
par préciput, hors part ou *avec dispense de rapport.* Mais
ce ne sont pas là des formules sacramentelles ; notre
droit répugne à un formalisme aussi étroit, et, pourvu
que le disposant ait exprimé sa volonté, peu importe la
forme dans laquelle elle est exprimée ; l'essentiel est
qu'elle soit manifeste. Les expressions du Code ne sont

donc pas limitatives, mais purement énonciatives, et toute autre expression qui indiquerait clairement la volonté de dispenser du rapport serait parfaitement admise.

Cette interprétation est certainement la plus raisonnable, la plus conforme à la fois au texte et à l'esprit du Code civil, et elle se justifie surtout en matière de legs. « Il eût été peu raisonnable, dit M. Dalloz (*Rép.*, t. 41, n° 1089, p. 386) d'exiger qu'un testament, un legs, fût conçu dans des termes inconnus du plus grand nombre des citoyens, qui sont étrangers au langage des lois. »

Si la dispense de rapport doit être contenue dans l'écrit qui constate la libéralité, cette exigence ne va pas toutefois jusqu'à invalider celle qui serait exprimée dans un acte postérieur. Une semblable dispense est parfaitement valable, et si l'article 919 ne le disait pas formellement, les principes suffiraient à le démontrer. Cela se conçoit en effet, car une dispense de rapport survenant postérieurement est une nouvelle libéralité venant se greffer sur la première. Il découle de là que cet acte postérieur ne peut être qu'un testament ou une donation entre vifs. La dispense étant une nouvelle libéralité, cette seconde libéralité est assujettie par sa nature même aux conditions de formes exigées par le Code : et partant, une dispense de rapport qui serait contenue dans un acte sous seing privé autre qu'un testament serait nulle.

Au surplus, cette nouvelle libéralité participera de
la nature des actes qui la contiennent ; si elle résulte
d'une donation entre vifs, elle sera irrévocable comme
cette donation, sauf les cas exceptionnels ; contenue
dans un testament, elle pourra être révoquée, même si
elle s'applique à une donation antérieure irrévocable.
Dans le premier cas, elle ne deviendra irrévocable que
du jour où l'acceptation du donataire aura été notifiée
au donateur ; dans le second, l'acceptation ne sera pas
nécessaire, mais le bénéficiaire n'aura aucun droit certain jusqu'au décès du disposant.

Mais il ne faut pas aller plus loin ; le Code exige une
dispense *expresse*, c'est-à-dire exprimée dans l'acte
contenant libéralité ou dans un acte postérieur. A côté
de ces dispenses expresses, le Code a établi d'autres
dispenses dont nous aurons l'occasion de reparler.
Nous dénommerons les premières : dispenses *littérales*
et les secondes, dispenses *légales*. Nous venons de voir
dans quelles conditions fonctionnaient les premières ;
quant aux secondes, nous ajournons l'examen de la
question de savoir si elles doivent être entendues res-
trictivement ou non.

Ces deux catégories de dispenses sont les seules que
nous admettions. Le Code ayant posé en principe l'incompatibilité entre les qualités de donataire et de légataire avec celle d'héritier, on ne doit admettre d'autres
dérogations que celles qui sont prévues par le législateur lui-même.

Cependant la jurisprudence ne s'en est pas tenue là, et, à côté des dispenses littérales et légales dont nous venons de parler, elle a placé une autre catégorie, celle des dispenses *tacites*. Nous n'hésitons pas à dire que la jurisprudence a, dans cette matière, ajouté à la loi ; elle a fait œuvre du préteur romain ; car son système d'interprétation aboutit à donner aux mots un sens diamétralement opposé à celui qu'ils comportent. Si le Code a exigé des dispenses *expresses*, c'est apparemment qu'il a voulu exclure les dispenses *tacites*.

Passons en revue les arrêts relatifs à la question. Nous les grouperons en trois classes : Dispenses tacites résultant :

1° De l'interprétation des clauses constituant l'ensemble du testament ;

2° Du fait que la dispense de rapport n'est exprimée que pour une libéralité, lorsqu'il y en a plusieurs contenues dans un même acte ;

3° Des faits et des circonstances extérieures de la cause.

1° *Dispenses tacites résultant de l'interprétation des clauses constituant l'ensemble du testament.* — La jurisprudence dit : non seulement la dispense de rapport résulte d'une déclaration écrite dans la donation ou le testament même si elle est conçue en des termes autres que ceux dont s'est servi le Code civil ; mais elle résulte encore de l'ensemble des diverses clauses de l'acte, bien qu'elle ne soit contenue dans aucune. Le défunt

n'a pas touché à la question du rapport, c'est vrai ;
mais les clauses mêmes de l'acte ne peuvent s'expliquer
que par l'intention de dispenser du rapport ; cette intention, quoique non exprimée, est certaine. Rien
n'empêche de se conformer aux désirs du défunt,
puisque le mot « *expressément* » de l'article 843 doit
être entendu dans le sens du mot « *expressim* » de la
Novelle 18. Classons en plusieurs catégories les arrêts
qui se rapportent à cet ordre d'idées :

A. — *Legs faits avec attribution de parts.*

α) Un arrêt de la Cour de Turin, du 24 mars 1806, a
jugé qu'il y avait dispense de rapport lorsque le testateur, après avoir fait un legs particulier, institue le légataire et les autres successibles par égales portions
(Dall., *Rép.*, t. 41, n° 1098, p. 388). La volonté du
testateur est ici évidemment de gratifier le légataire
indépendamment de la part qu'il lui a assignée dans sa
succession concurremment avec les autres héritiers.

β) Un arrêt de rejet de la Chambre des requêtes du
20 février 1817 a décidé que la dispense de rapport
pouvait s'induire, à défaut d'une clause expresse, de
l'intention du testateur dans les circonstances suivan-
tes : un legs considérable avait été fait au profit d'un
frère du testateur sous différentes charges, et notamment à condition de payer une certaine somme à ses
deux sœurs ; les trois légataires étaient les seuls héritiers naturels ; et le testament portait que le surplus
des biens serait divisé par égales portions entre eux ;

l'arrêt dispose que la réunion de toutes ces circonstances faisait présumer chez le testateur une préférence pour le légataire principal. « Attendu que le législateur n'ayant pas exigé l'emploi d'expressions spéciales pour établir cette dispense, l'arrêt attaqué a pu induire du contexte des différentes dispositions particulières et legs portés audit testament, que le testateur avait, par la teneur de l'ensemble de ses volontés, dispensé l'héritier du rapport de sa libéralité aussi expressément que si la disposition avait été littéralement écrite... Rejette. »

γ) Un père ayant deux enfants avait donné à l'un d'eux un immeuble par acte entre vifs ; plus tard, il avait fait un testament dans lequel il léguait à son autre enfant tout ce qu'il posséderait au jour de son décès. On ne peut comprendre dans les biens laissés au jour du décès les biens entièrement donnés ; ces biens sont définitivement sortis de son patrimoine.

Aussi la Cour de Paris a-t-elle jugé (arrêt du 23 mai 1844, confirmé par un arrêt de rejet de la Chambre des requêtes du 10 juin 1846) que le fils légataire ne pouvait demander le rapport de la donation, puisque le père lui avait attribué les seuls biens laissés à son décès ; mais qu'en revanche, il pouvait prélever les biens à lui légués ; elle décidait que le *de cujus* avait entendu faire à chacun de ses enfants une attribution spéciale et distincte comportant nécessairement dispense de rapport pour chacun d'eux. Bien plus, le juge

d'après la Cour, peut, pour bien apprécier la volonté
du père de famille, s'éclairer accessoirement par des
documents dignes de foi, notamment par des lettres
émanées du donateur (Sirey, 46.1.541).

δ) Citons encore un arrêt de la Cour de Caen, du
4 mars 1846 : un père de famille ayant deux enfants
attribue à chacun d'eux dans son testament un lot de
ses immeubles, et pour bien marquer son intention, il
ajoute que « s'il se trouve un desdits lots qui soit regardé pour être plus fort en valeur que l'autre, il veut
qu'il n'y soit rien changé, et que chaque lot reste au
profit ou à la perte de celui à qui il est attribué ». Un
testament conçu en ces termes contient, dit la Cour de
Caen, en faveur de l'enfant avantagé un legs par préciput et hors part.

Dans les espèces que nous venons de voir, les libéralités révêtent le caractère de partages d'ascendants ;
or, les partages d'ascendants sont considérés comme
préciputaires (Caen, 2 décembre 1847 ; D. P. 49.2.
84); il n'y a donc pas lieu à rapport pour les libéralités
qui sont contenues dans des actes analogues.

B. — *Legs rémunératoires*. — Les legs rémunératoires sont, de même que les donations, de véritables
libéralités, puisque le Code déclare ces donations révo-
cables pour cause de survenance d'enfants (art. 960).
Ce sont pourtant des libéralités *sui generis*, car le disposant déclare qu'il a reçu l'équivalent de ce qu'il
donne.

La jurisprudence les soustrait à la nécessité du rapport. Elle a même été jusqu'à reconnaître une dispense de rapport dans l'ensemble de la disposition, lorsque le legs fait par le défunt de tous les meubles, deniers, effets d'or et d'argent et autres qui se trouveraient dans sa maison au jour de son décès, était motivé par sa *reconnaissance*, vis-à-vis du légataire, les autres effets étant d'ailleurs légués dans le même testament aux autres héritiers (Turin, 24 mars 1806, Dall., *Rép.*, t. 41, p. 386, nᵒ 1009).

La doctrine est d'un avis opposé, et nous croyons qu'elle a raison. Sans doute, le *de cujus* s'est reconnu débiteur, et cette circonstance pourrait à la rigueur faire supposer chez lui la volonté de dispenser du rapport, puisque l'héritier qui recueillera le legs sera censé ne prendre que son dû. Mais de deux choses l'une : ou la dette du défunt vis-à-vis de l'héritier est une dette civile, ou c'est une simple obligation naturelle. Dans le premier cas, on ne peut pas dire que le legs soit à proprement parler un legs préciputaire. Si l'héritier est créancier du défunt, il n'a qu'à faire valoir sa créance contre la succession ; il n'a pas besoin pour cela d'invoquer son titre de légataire. Il y a là une dette faisant partie du passif de la succession et diminuant d'autant l'actif partageable : le légataire ne fait alors que prélever ce qui lui appartient ; il n'a qu'à faire valoir l'action qu'il peut avoir de ce chef contre la succession, et il sera indemnisé dans la mesure équitable.

Son titre consistera, soit dans l'écrit qui aura été rédigé à l'époque du contrat créateur de l'obligation, soit dans la reconnaissance de dette contenue dans le testament.

Je sais bien que, pour qu'il en soit ainsi, la dette du *de cujus* doit être civile ; si la dette est seulement naturelle, c'est-à-dire si elle ne peut donner naissance à une action en justice, bien qu'elle rende valable le paiement qui peut en avoir eu lieu ; le successible créancier souffrira un préjudice réel. Nous en convenons, mais cette considération ne saurait empêcher l'application de la loi : si le défunt avait réellement voulu que le légataire prélevât son legs avant tout partage, il n'avait qu'à le dire expressément ; il ne l'a pas fait, il faut revenir au droit commun, qui ordonne l'égalité des partages.

Telle est la doctrine que nous croyons encore aujourd'hui applicable aux donations : telle était celle qu'on devait suivre également avant la loi du 24 mars 1898 pour les dispositions testamentaires, en vertu de l'article 843.

C. — *Legs avec charges. — Substitutions.* — La plupart des auteurs inclinaient à voir dans ces libéralités de véritables prélegs, non pas que la présomption de préciput résultât forcément de ce fait que le legs était affecté d'une charge quelconque ; mais ils distinguaient si la nature de la charge était ou non compatible avec l'obligation de rapporter ; il fallait rechercher la volonté du défunt. Dans le premier cas, on exigeait le rapport ;

dans le second, le caractère préciputaire du legs était suffisamment établi.

Ainsi, supposons un legs fait à charge par le légataire de servir une rente à un tiers. On ne peut dire que ce soit là un prélegs ; qu'on tienne compte au légataire de l'étendue ou de l'importance de la charge soit dans le calcul de la quotité disponible, soit dans le partage, c'est tout ce qu'il peut demander, mais cette circonstance ne peut à elle seule faire reconnaître chez le testateur la volonté de l'avantager au détriment de ses cohéritiers.

Il n'en était plus de même des substitutions fidéicommissaires. La charge imposée ici au légataire, disait-on, ne peut se concilier avec la nécessité de laisser le legs à la masse ; autrement il y aurait contradiction. La substitution fidéicommissaire impose au donataire ou au légataire l'obligation de conserver la chose léguée et de la rendre à sa mort à une ou plusieurs personnes en faveur desquelles la loi permet une semblable disposition.

Il est clair que, si le grevé est obligé de laisser le legs dans la masse à partager, il lui est impossible de le remettre à sa mort aux appelés ; la volonté du défunt ne sera donc pas exécutée ; par conséquent il faut, si l'on veut donner un sens à la disposition, dire que le légataire, grevé de substitution, prélèvera son legs avant tout partage. La charge de conserver et de rendre équivaut donc, dit la jurisprudence, à une dispense expresse de rapport, et le légataire pouvait ainsi cumuler le legs avec sa part héréditaire.

Voici d'ailleurs en quels termes le tribunal de Valenciennes, par un jugement en date du 17 avril 1818, s'était exprimé à ce sujet : « Considérant que la matière des substitutions est traitée tout entière dans le seul chapitre 6 des substitutions, C. civ. ; qu'on n'y dit pas, comme dans les autres parties du Code, que ces dons ou legs doivent être faits expressément par préciput ou hors part ; le dire ou y laisser appliquer les articles 843 et 844, aurait été une inconséquence ; car, ordonner le rapport de ces dons à la masse de la succession du donateur, et vouloir que le donataire les remette en même temps à ses enfants implique contradiction. L'exemption de rapport existe donc par la nature et la force de la disposition particulière ; elle existe encore par argument *a simili* de l'article 847 ; elle existe enfin par équipollence ; le Code n'a consacré aucune expression particulière pour considérer l'exception de rapport comme *expressément* voulue ; *expressément* n'est pas le synonyme de *littéralement*, et la jurisprudence admet l'équipollence comme moyen de présenter suffisamment cette exception. » Confirmé par arrêt de la Cour de Douai du 27 janvier 1819 (Dall., *Rép.*, t. 41, p. 389, note 1 ; Voy. aussi Cass. Req., 25 février 1831 ; Dall., *Rép.*, t. 41, p. 388, n° 1102).

Nous regrettons de le dire, mais ces raisons ne nous paraissent pas convaincantes. Il y a, dit-on, contradiction entre l'obligation du rapport et l'obligation de conserver. Cela n'est pas démontré. Rien n'empêche le grevé de conserver la chose léguée, si elle est mise dans son lot, et dans le cas contraire, la chose qui lui sera attribuée en remplacement. On objecte que la nécessité où se trouve le grevé de rendre la chose aux appelés doit suffire à le faire considérer comme gratifié par préciput, et qu'il ne peut être question de maintenir l'égalité entre les appelés et les héritiers, le legs s'adressant en définitive aux appelés. Ce n'est pas absolument vrai : le legs s'adresse à la fois au grevé et aux appelés, et de plus, le véritable légataire, le seul légataire au moment du décès, c'est le grevé (art. 1053). Or, le grevé est héritier, donc (ancien article 843) il ne peut être légataire.

Notre solution devait s'appliquer *a fortiori* au cas de substitution vulgaire. L'obligation de conserver et de rendre n'existe plus ici, c'est un simple legs sous condition, le droit du substitué ne s'ouvre que si l'institué ne recueille pas la libéralité. Rien ne dénote chez le testateur l'intention de faire un prélegs. Aussi la Cour de cassation déclarait-elle applicables dans ce cas les règles du rapport. Un père avait légué une somme à sa fille avec la clause que, dans le cas où elle viendrait à prédécéder, la somme léguée appartiendrait aux enfants de celle-ci ou à celui d'entre eux qui survivrait aux autres. L'intention de faire parvenir aux petits-enfants le bénéfice du legs ne ressortait pas clairement de la disposition, aussi la fille devait-elle opter entre son legs ou sa part héréditaire (Cass., 17 juillet 1835).

D. — *Legs par interposition de personnes.* — Le Code, dans les articles 847, 848 et 849, a prévu plusieurs cas d'interposition de personnes. Il s'est placé dans l'hypothèse où un legs est fait au fils, au père ou au conjoint du successible ; il considère un pareil legs comme un prélegs. Ces articles qui auparavant s'appliquaient à la fois aux donations entre vifs et aux legs ne s'appliquent plus aujourd'hui qu'aux premières. Nous parlerons néanmoins au présent, comme si nous étions encore sous l'empire des anciens articles. Les articles 847, 848 et 849 établissent-ils des exceptions au droit commun, ou énumèrent-ils seulement une série d'exemples dans lesquels ils nous montrent qu'il faut voir des dispenses de rapport? Dans le premier cas, il faut restreindre ces exceptions aux hypothèses prévues; dans le second, on devra dire qu'il y a dispense de rapport toutes les fois que l'on se trouvera dans un des cas spécifiés par le Code et dans tous les autres cas analogues.

Pour comprendre ici le système de la jurisprudence il est nécessaire d'examiner une controverse qui s'est élevée sur le sens des articles qui nous occupent. Les uns ont voulu y voir une dispense de rapport au profit du successible indirectement gratifié ; les autres ont soutenu que les rédacteurs du Code, encore imbus des vieilles théories du *rapport pour autrui*, avaient voulu prévenir les contestations possibles sur le point de savoir si les libéralités avaient ou non, en fait, tourné au profit du successible.

Le premier système invoque les termes mêmes du Code qui semblent lui donner raison, les articles semblent prévoir l'interposition de personnes et ils la présument. Cette présomption d'interposition de personnes n'est pas un fait isolé, elle n'est que l'application d'un principe plus nettement posé encore dans les articles 911 et 1100.

On prétend encore trouver dans les travaux préparatoires un argument de plus. La rédaction primitive portait en effet que « les dons et legs faits au fils ou au conjoint du successible n'étaient pas rapportables ». Tronchet fit remarquer que c'était favoriser et encourager les libéralités par interposition de personnes et en faire en quelque sorte des libéralités privilégiées. Treilhard répondit qu'il n'y avait à cela aucun inconvénient : la loi autorisant les dispenses expresses de rapport, les fraudes n'étaient pas à redouter. Tronchet persista dans son idée en disant que, puisqu'il y avait, dans les cas prévus, dispenses de rapport, mieux valait le dire en termes formels. C'est alors que la rédaction première fut modifiée pour devenir celle de nos articles.

Il y a donc bien ici une présomption d'interposition de personnes, servant de base à une dispense de rapport.

Le second système soutient que les rédacteurs du

Code civil avaient encore présente à la pensée la présomption de l'ancien droit, et qu'ils ont voulu rompre avec les anciennes traditions. Dominé avant tout par une préoccupation d'égalité, le droit coutumier avait voulu couper toutes les voies détournées susceptibles de conduire à un but autre que celui auquel il visait. Désireux d'empêcher que des héritiers fussent avantagés aux dépens des autres, il ne voulait pas que ce résultat fût atteint indirectement. Aussi annulait-il le legs fait au fils du successible, au conjoint du successible. Cette règle toutefois était restreinte à la ligne directe : les collatéraux n'étaient obligés de laisser à la masse que ce qui leur avait été légué à eux-mêmes, sauf pourtant dans les Coutumes d'égalité parfaite (Touraine, art. 301). Dans ces dernières Coutumes en effet, tous les legs dont l'héritier profitait indirectement, ne pouvaient être amenés à exécution.

Le Code civil, dans les articles 847, 848 et 849, a voulu mettre fin à cet état de choses. Les dons et legs faits au fils ou au conjoint du successible sont toujours réputés faits avec dispense de rapport. C'est là une conséquence forcée de son système ; la présomption d'interposition de personnes n'a plus sa raison d'être aujourd'hui ; qu'elle fût admise dans le droit ancien, c'était parfaitement logique : le testateur ne pouvait pas dispenser du rapport, la loi n'admettait pas les libéralités par préciput, directes ou indirectes, il y avait lieu de craindre des fraudes ; mais du moment que, sous l'empire du

Code, le testateur n'a qu'un mot à dire pour que le gratifié cumule son legs avec sa portion héréditaire, on ne voit pas bien ce qui pourrait motiver de sa part un moyen détourné pour arriver à un résultat qu'il lui est si facile d'obtenir ouvertement et sans feinte.

Les articles 847 et suivants ne présument donc pas l'interposition de personnes. Mais ils prévoient que cette interposition est possible et que des héritiers mécontents peuvent chercher à l'établir. Alors, pour prévenir les contestations, pour couper les procès jusque dans leur racine, ils décident que, à supposer cette interposition prouvée, l'obligation du rapport n'en sera pas moins écartée. Toutes les demandes tendant à établir une interposition de personnes en vue de l'obligation du rapport n'en seront pas moins écartées. Toutes les demandes tendant à établir une interposition de personnes en vue de l'obligation du rapport se heurtent donc d'avance à une fin de non-recevoir.

Il suit de ce que nous venons de dire qu'il n'y a aucune analogie à établir entre les hypothèses des articles 911 et 1100 et le cas qui nous occupe. Ces articles ont pour but d'empêcher des fraudes à la loi. L'article 911 prononce la nullité de toute disposition faite au profit d'un incapable. Il y a donc lieu de craindre qu'on ne cherche à tourner la loi ; et que, voulant gratifier une personne déclarée incapable par la loi, on n'emploie un biais, que, par exemple, on adresse la libéralité à un tiers en le priant secrètement de la faire parvenir à l'incapable. Ordinairement, ce tiers est un proche parent, le fils ou le conjoint de l'incapable. Le disposant trouve un obstacle dans la loi : il prend une voie détournée pour arriver à son but. Cette fraude se comprend ici ; aussi le Code s'en est-il méfié. Dans l'hypothèse des articles 847 et suivants, au contraire, le testateur ne se heurte à aucun texte prohibitif, il peut dispenser du rapport, pourquoi craindre une dissimulation ?

Il y a d'ailleurs une hypothèse dont la solution ne peut se concilier avec la thèse de l'interposition de personnes. Supposons une libéralité adressée au fils du successible ; ce dernier meurt. S'il y a présomption d'interposition, le fils, au cas où il conserve la libéralité, en doit le rapport à la succession de son père, puisque c'est à ce dernier qu'elle avait été censée faite, et que, par suite, c'est de lui qu'il la tient. Mais cette solution est impossible puisque le rapport, article 850. ne se fait qu'à la succession du donateur.

On comprendrait pourtant la présomption d'interposition dans un cas : celui de l'article 849. Un legs est fait au conjoint du successible ; il se peut alors, et c'est ce qui arrive le plus souvent que, par l'effet des conventions matrimoniales, le successible bénéficie, au moins en partie, de la libéralité. Le Code ne s'est pas arrêté à cette considération, il déclare que l'époux successible ne rapporte que s'il est directement gratifié et dans la mesure seulement où il l'est.

Ce second système est celui de la jurisprudence. Elle décide qu'il faut s'en tenir à la réalité *extérieure* des actes, que l'interposition ne saurait se présumer.

Faudra-t-il maintenant généraliser et dire que, dans tous les cas où il y aura interposition de personnes, le legs sera censé fait par préciput, ou décider au contraire qu'en dehors des cas limitativement prévus par le Code, il faudra revenir au droit commun et appliquer les règles du rapport?

Trois systèmes sont en présence :

1° Le legs est préciputaire ;

2° Le legs n'est pas préciputaire ;

3° Le legs peut être regardé comme préciputaire, eu égard aux seules circonstances qui l'accompagnent.

1° *Le legs est préciputaire.* — On en donne plusieurs raisons : *a*) Par le seul fait qu'il s'est servi de moyens détournés, le testateur a suffisamment manifesté son intention d'avantager le légataire, il a masqué la personnalité du véritable gratifié dans la crainte qu'on ne l'obligeât à remettre le legs à la masse partageable ; donc, son intention n'est pas douteuse, elle doit être suivie.

b) Les libéralités par personnes interposées sont admises par le Code. On reconnaît donc que, en dehors des cas de prohibitions prévus par lui, on aurait pu faire indirectement ce qu'on peut faire directement ; par conséquent, il n'y a qu'à s'en tenir à la forme extérieure de l'acte, à moins qu'on ne prouve une dissimulation, ou une tentative de la part de l'une des parties, de se servir frauduleusement de la forme de l'acte pour lui faire produire des effets contraires à leur commun accord. Il y a donc préciput, à moins que la preuve des faits qu'on vient d'énoncer ne soit fournie.

2° *Le legs n'est pas préciputaire.* — Le droit commun doit s'appliquer toutes les fois que le Code n'y a pas formellement dérogé. Or, en matière de partage, le droit commun, c'est le rapport ; le préciput, l'exception. L'article 843 soumet au rapport toutes les libéralités directes ou indirectes, et dans les libéralités indirectes, il comprend celles qui sont faites par personnes interposées. Il n'y a pas à argumenter de l'article 1099, qui semblerait distinguer entre les libéralités indirectes d'une part, et les libéralités déguisées et par personnes interposées d'autre part. L'article 1099 ne comporte aucune distinction de ce genre, les deux paragraphes dont il se compose se complètent l'un l'autre, le second n'est que le développement du premier ; il énonce les donations déguisées ou à personnes interposées, à titre d'exemple de libéralités indirectes, sans vouloir les opposer les unes aux autres.

3° *Le legs peut être regardé comme préciputaire, eu égard aux circonstances qui l'accompagnent.* — C'est le second système mitigé. Le seul fait de l'interposition de personnes ne peut suffire à faire supposer chez le testateur l'intention de donner par préciput. Seulement

il faudra se montrer ici beaucoup plus large et admettre
le préciput plus facilement que dans les autres hypothèses. On pourra rechercher la volonté probable du
de cujus, même dans les circonstances de la cause. Les
circonstances sont très diverses et ne peuvent être toutes
énumérées d'avance ; il y a là de simples questions de
fait, et les tribunaux ont pleins pouvoirs pour les apprécier.

On a déjà reconnu le système de la jurisprudence
(C. civ., Rej., 10 novembre 1852 ; Dall., 52.1.307 ; —
Req., 18 août 1862 ; Dall., 62.1.143 ; Pau, 23 juin 1884 ;
Dall., 85.2.248).

Le premier système se heurte à une objection. L'intention du disposant, dit-on, est suffisamment prouvée
par cela seul qu'il s'est servi d'intermédiaires pour
faire parvenir la libéralité à la personne gratifiée. Pas
le moins du monde. On a dit avec raison que le testateur a pu vouloir seulement dissimuler sa libéralité, afin de ne pas exciter la jalousie de ses autres héritiers ; il a feint de donner à une personne étrangère
qui s'est engagée secrètement à remettre la chose à
l'héritier qu'il a voulu avantager.

L'argument tiré des articles 847 et 849 peut être
combattu en disant qu'ils n'établissent pas une présomption d'interposition de personnes, et qu'à supposer même qu'ils l'établissent, ce n'est pas une raison
pour généraliser.

Enfin, s'il est permis de faire indirectement ce qu'on

aurait pu faire directement, il n'en est pas moins vrai
que, lorsque la loi a imposé des conditions à l'exercice
d'un droit, elle ne permet point de s'en affranchir par
des voies détournées ; l'article 843 exige une dispense
expresse aussi bien pour les libéralités indirectes que
pour les libéralités directes, ce qui prouve bien qu'elles
ne sont pas en principe affranchies du rapport. Il n'y a
là aucune atteinte à la doctrine de la validité des libéralités indirectes ; ces libéralités déguisées ou par personnes interposées, sont toujours valables *quant à la
forme*, aussi bien que des donations faites par acte authentique ou des legs contenus dans des testaments
réguliers ; mais il ne faut pas les traiter plus favorable-
ment : on les assujettit aux mêmes *règles de fond*. Elles
sont donc en principe astreintes au rapport comme les
libéralités directes.

Notre adhésion va sans hésitation au second système.
C'est le seul conforme au texte comme à l'esprit du
Code. Il cadre avec ce que nous soutenons, à savoir
que les dérogations au droit commun sont de droit
étroit. Le droit commun, c'est l'égalité des partages
avec le rapport comme corollaire. En dehors des dispenses légales, *limitativement* déterminées, il n'y a de
place que pour les dispenses *expresses*. Or, les articles 847 à 849 établissent trois exceptions au droit
commun, on ne doit pas en créer d'autres, et il faut
revenir à la règle de l'article 843 lorsqu'on se trouve en
dehors des hypothèses prévues par eux.

Le système de la jurisprudence aboutit à faire de la volonté du *de cujus* la règle souveraine, et donne aux tribunaux pleins pouvoirs pour interpréter cette volonté. Nous verrons ce qu'il faut penser d'une semblable doctrine.

E. — *Legs universels* et *à titre universel*. — Nous ne nous appesantirons pas sur les legs universels. La jurisprudence les déclare prélegs : « Attendu, dit un arrêt, qu'il s'agit d'une institution testamentaire, à titre universel, qui embrasse dans sa généralité tous les biens de l'instituant, et que l'énergie d'une pareille disposition renferme une dispense de rapport aussi expresse que si le testateur se fût servi littéralement des termes de la loi... » Limoges, 26 juin 1822, Dall. *Rép.*, t. 41, n° 1096.

Nous ne croyons pas que l'on puisse dire ici qu'il y a dispense virtuelle de rapport résultant nécessairement de la nature de la disposition elle-même. Il est beaucoup plus exact de dire que les règles du rapport ne trouvent pas ici leur application, par la raison bien simple que le rapport a lieu seulement au cas de succession *ab intestat*, puisqu'il est l'opération préliminaire du partage. Le rapport n'est dû que par le cohéritier à son cohéritier (art. 857).

Or ici, la succession est entièrement testamentaire, donc le rapport n'a pas lieu. Il peut bien y avoir lieu *à réduction* s'il existe des héritiers réservataires ; mais alors ce n'est pas par l'action en partage que ces héritiers réclament leur réserve, c'est par l'action en réduction. Cette hypothèse rentre du reste dans le cas du legs de la quotité disponible que nous allons examiner.

Les legs à titre universel sont aussi considérés par la jurisprudence comme ayant un caractère préciputaire. La succession n'étant pas exclusivement testamentaire, les règles du rapport pourraient s'appliquer, et pour qu'elles soient écartées, il faudrait une dispense expresse. La jurisprudence dit que l'intention de préléguer ressort suffisamment de la nature de la disposition. Par exemple, le testateur lègue à des successibles le quart de ses biens pour être réuni à la moitié qu'ils sont appelés à recueillir dans sa succession (Paris, 13 pluviôse an XIII, Dall., *Rép.*, t. 41, n° 1091).

Ou encore, un père de famille fait la disposition suivante : Je lègue à mon fils aîné le quart de mes biens... mes héritiers paieront, en outre, une pension viagère à ma cuisinière. La Cour de Riom, par un arrêt du 20 janvier 1824, décida que c'était là un prélegs, et la Cour de cassation rejeta le pourvoi formé contre cet arrêt sur ce motif que les articles 843 et 919 n'exigeant aucune expression sacramentelle « les questions de ce genre sont des questions de volonté qui peuvent être décidées d'après le contexte des dispositions générales et particulières portées au testament » (Req., 17 mars 1887, Dall., *Rép.*, t. 41, n° 1092).

Nous arrivons maintenant au *legs de la quotité disponible.*

C'est là une variété du legs universel, puisqu'il donne
une vocation éventuelle à toute l'hérédité. Il suppose
nécessairement l'existence d'héritiers réservataires.
Ceux-ci exercent contre le légataire ou le donataire l'action en réduction. Mais si ce légataire est en même
temps héritier, pourront-ils l'empêcher de recueillir la
portion disponible à lui léguée, en sus de sa part héréditaire? La jurisprudence répond négativement : pour
elle, le legs de la quotité disponible, comme toutes les
libéralités par forme d'*avantage*, est préciputaire par sa
nature même. Il en est de même de la donation de la
quotité disponible (Caen, 16 décembre 1850, Dalloz,
51. 2.246 ; Paris, 28 juillet 1825) (il s'agissait dans
ce dernier cas d'une donation par contrat de mariage ;
les père et mère déclaraient assurer à leur enfant « tous
les avantages permis par la loi). »

On ne se joue pas plus allègrement des prescriptions
légales. En effet, ouvrons le Code et lisons l'ancien article 919 : « La quotité disponible pourra être donnée
en tout ou en partie, soit par acte entre vifs, soit par
testament, aux enfants ou autres successibles du donateur, sans être sujette au rapport par le donataire ou le
légataire venant à la succession, *pourvu que la disposition ait été faite expressément à titre de préciput ou hors
part.* »

Cet article est aussi clair que précis : pour que le legs
de la quotité disponible soit un prélegs, il faut qu'il soit
fait *expressément* à titre de préciput ou hors part. C'est

la règle de l'article 843 reproduite ici pour le legs de la quotité disponible.

Sur quoi donc la jurisprudence peut-elle se baser pour en décider autrement? Elle allègue ce motif que, si le legs de la quotité disponible n'est pas considéré comme prélegs, à raison de sa nature même, il est impossible d'expliquer la disposition qui devient alors inutile. Le défunt manifeste l'intention de léguer par préciput par cela seul qu'il lègue la quotité disponible, sans quoi il ne lègue rien du tout.

Le raisonnement est parfaitement logique, mais il s'applique tout aussi bien à toute espèce de legs. « Il convient, dit M. Théophile Huc (C. civ., tome V, p. 403, p. 340), de retourner la question : la quotité disponible peut-elle être donnée à titre de simple avancement d'hoirie? Incontestablement. Donc, il faut une dispense expresse pour qu'il en soit autrement. »

Cet article 919 est du reste la condamnation la plus formelle du système de la jurisprudence. Il faut, dit-elle, rechercher l'intention du défunt et la faire respecter bien qu'elle ne soit pas exprimée en termes précis, toutes les fois qu'elle résultera, soit de l'ensemble des clauses de l'acte, soit de la nature de la disposition ; et c'est le cas, entre autres, du legs de la quotité disponible. L'article 919 répond qu'il faut même en ce cas-là une dispense expresse, c'est donc qu'il faut autre chose qu'une intention résultant soit de l'ensemble es cldauses, soit de la nature de l'acte. Et puis, est-il bien vrai que le legs de la quotité disponible soit absolument inexplicable s'il n'est pas préciputaire? Il y a deux cas où le *de cujus* a pu ne pas songer au rapport par cela seul que la question ne se posait pas devant lui à l'époque où il a fait son testament.

Supposons en premier lieu que le successible avantagé ne fût pas héritier présomptif lors de la confection du testament, et qu'il le soit devenu depuis. Le *de cujus* a pu très bien ne pas prévoir l'événement qui s'est produit, il a pu ne pas penser que la personne gratifiée par lui serait un jour appelée à sa succession en qualité d'héritier. Il n'est pas dès lors illogique de supposer que le défunt ne lui aurait peut-être rien légué s'il avait prévu que le légataire viendrait à sa succession comme héritier, rien ne dénote chez lui l'intention bien arrêtée de l'avantager au détriment des autres héritiers.

En présence de l'incertitude qui couvre la volonté du disposant, pourquoi ne pas s'en tenir aux prescriptions de la loi qui, elles, ne laissent place à aucune équivoque.

Supposons maintenant que le légataire fût déjà héritier présomptif à l'époque de la confection du testament. Même dans cette hypothèse, il est un cas où l'on peut expliquer le legs de la quotité disponible en l'absence de toute idée de rapport:

Le défunt laisse 5 enfants et une succession de 200. La quotité disponible est du quart, soit 50. La réserve à partager est par suite de 150. La part de chaque enfant dans la succession de son père est de 40. Mais l'enfant légataire peut renoncer à la succession et s'en tenir à son legs. Dans ce cas, il prendra les 50 à lui légués, et les autres enfants se partageront les 150 restant, c'est-à-dire qu'ils auront chacun 37,50. L'héritier légataire est donc avantagé, puisqu'il a une option à exercer, et qu'il peut, en renonçant à la succession, avoir une situation préférable à celle de ses cohéritiers.

Cette explication n'est plus possible dès que le disponible est inférieur à la part que le légataire pourrait recueillir comme héritier. Par exemple, la succession est de 150 et il y a 3 enfants. S'ils viennent tous à la succession, ils ont chacun 50 ; si l'enfant légataire renonce, il ne prend que le quart disponible, soit 37,5. Les deux autres enfants se partagent les 112,5 restant, c'est-à-dire qu'ils ont chacun 56,25. Le légataire préférera donc renoncer à son legs et venir au partage de la succession.

Même dans cette hypothèse, on a voulu encore trouver une explication. Le testateur a pu prévoir, a-t-on dit, que, dans l'intervalle qui sépare le jour du testament et le jour de sa mort, il lui naîtrait d'autres enfants. La quotité disponible restant la même lorsque le nombre des enfants est de trois et au-dessus, et la part des enfants diminuant forcément puisque le chiffre de la réserve n'augmente pas, on peut dire que l'intention

du disposant n'était pas nécessairement de faire une
libéralité par préciput.

Il n'est donc pas absolument exact de dire que la disposition est inutile même si on l'assujettit au rapport.
Mais ces explications ne seraient-elles pas valables,
qu'il faudrait encore, selon nous, dire que le legs de la
quotité disponible n'est pas un prélegs. La loi est formelle, l'article 919 exige une dispense *expresse* de
rapport ; peu importe que la loi soit ou non en contradiction avec la volonté du défunt, elle doit être exécutée.

Certains tribunaux n'ont pas été aussi loin. Ils ont
reconnu que, en présence de l'article 919, on ne pouvait
pas dire que le legs de la quotité disponible fût de sa
nature un prélegs ; et leurs arrêts semblent donner à
entendre que le concours de certaines circonstances est
nécessaire pour qu'il en soit ainsi. Par exemple, la Cour
de Douai a jugé (18 avril 1891) que le legs de la portion
disponible pouvait notamment être réputé fait par préciput si le légataire était appelé, comme simple héritier,
à recueillir dans la succession du testateur une part
égale à la portion disponible. La même Cour, par un
arrêt du 30 décembre 1845, décidait que le legs de tous
les biens dont la loi lui permet de disposer, fait par un
testateur en faveur de trois de ses enfants, n'était pas
réputé fait par préciput ou hors part, lorsque le testateur n'avait pas exprimé sa volonté (Dall., 46.1.456).

La jurisprudence, si elle admet que le légataire de la

portion disponible peut prélever son legs avant tout
partage, décide qu'il ne peut le faire que sous certaines
conditions. Supposons, par exemple, que ses cohéritiers
aient reçu du défunt des dons entre vifs. Il pourra bien,
comme héritier, demander le rapport de ces dons à la
masse et réclamer sa portion virile même sur les biens
ainsi rapportés ; mais, comme légataire, il n'a aucun
droit sur ces mêmes biens, puisque le rapport ne lui est
pas dû en cette qualité, et il ne peut prétendre la calcu-
ler que sur les biens appartenant au testateur le jour de
son décès. Req., 30 décembre 1816 ; Cass., 27 mars
1822 ; Agen, 29 novembre 1824.

2° *Dispenses tacites résultant du fait que la dispense
de rapport n'est exprimée que pour une seule libéralité,
lorsqu'il y en a plusieurs contenues dans un même acte.*

On suppose ici deux libéralités différentes: La dispense de rapport n'est exprimée que pour la deuxième
libéralité. Si l'on constate une certaine relation entre
les deux libéralités, la jurisprudence décide que la dispense de rapport s'applique également à la première
libéralité.

Ainsi le testateur fait un legs d'immeubles, puis un
legs de valeurs mobilières au même légataire. Il ajoute
ensuite à ce dernier legs une clause de préciput « pour
la dame..... en jouir et disposer en pleine et absolue
propriété, à partir du jour de ma mort, par préciput,
hors part et sans charge de rapport à ma succession ».
La Cour de cassation a jugé que cette clause emportait

dispense de rapport, aussi bien pour le legs d'immeubles que pour le legs mobilier. Req., 27 mars 1850 ; D. 54.1.631.

Cette seconde catégorie d'arrêts pourrait à la rigueur rentrer dans la première.

3° *Dispenses tacites résultant des faits et des circonstances extérieures de la cause.*

C'est ici que la jurisprudence s'est donné le plus complètement libre carrière. Pour apprécier si une donation ou un legs est fait ou non par préciput, il n'est pas interdit aux juges de tenir compte des circonstances extérieures pouvant fournir des éclaircissements sur l'intention véritable du disposant. Cass., 26 juin 1882 ; Sirey, 83.1.123 ; Nîmes, 15 décembre 1864 ; Sirey, 65.2.101.

Ainsi, lorsque deux legs sont contenus dans deux testaments différents, on peut les considérer comme prélegs, non seulement en vertu de l'appréciation des actes en eux-mêmes, mais encore des circonstances qui ont précédé, accompagné ou suivi ces actes. Cass., 10 juin 1846 ; Sirey, 46.1.541.

On voit déjà les conséquences d'un pareil système. Dès l'instant que l'on considère les circonstances multiples et très diverses qui ont pu accompagner l'acte de libéralité, l'interprétation de la volonté du *de cujus* devient une pure question de fait, et partant, le pouvoir des tribunaux en ces matières devient absolu, puisque l'appréciation des juges est souveraine.

La Cour de cassation a parfaitement accepté cette doctrine, et elle a formellement reconnu aux tribunaux un pouvoir discrétionnaire. L'interprétation faite par le juge de première instance ou d'appel des clauses testamentaires et de l'intention du disposant échappe à sa censure. Cass., 25 août 1812, D. *Rép.*, n° 1096-3° ; 27 mars 1850 ; 10 novembre 1852 (D. 52.1.307); 16 juillet 1855, 6 novembre et 31 décembre 1855 ; Req., 18 août 1862 (D. 62.1.143) ; Pau, 23 juin 1884 (D. 85.2.248).

Il est facile de voir, par l'exposé que nous venons de faire, dans quel sens large la jurisprudence avait entendu le mot « expressément » de l'article 843. Préoccupée et comme obsédée par le désir de faire respecter avant tout la volonté du défunt, elle avait fini par rendre les cas d'application de l'article 843 tout à fait exceptionnels. Engagée dans cette voie, elle devait fatalement arriver à ce résultat, et cela, encore bien plus en matière de legs que de donations entre vifs. En effet, si la volonté du *de cujus* est la règle souveraine, le seul guide à suivre pour les dispenses de rapport, on doit aboutir nécessairement à cette conclusion que tous les legs sans exception sont faits par préciput.

Pothier disait : « Une disposition testamentaire doit s'interpréter plutôt dans le sens selon lequel elle peut avoir effet, que dans le sens selon lequel elle n'en peut avoir. » Or, lorsque le *de cujus* a légué un objet ou une somme à un successible, quelle a été son intention ? S'il n'a rien dit de plus, le Code décidait que le succes-

sibie ne pouvait réclamer ce legs. Mais le *de cujus* a
évidemment voulu obtenir un résultat lorsqu'il a écrit
son testament ; s'il a légué, ce n'est assurément pas
pour que ce legs soit condamné à rester lettre morte ;
c'est qu'il a voulu que l'objet du legs fût remis au légataire.

Les auteurs se sont évertués à trouver un sens aux
dispositions du Code sur ce point. Ils ont émis plusieurs opinions dont quelques-unes nous sont déjà
connues.

La première consiste à dire que le défunt, en léguant
à son héritier, a voulu lui donner la faculté d'opter entre le legs et sa part héréditaire. L'héritier peut, s'il y
trouve avantage, renoncer à la succession pour s'en
tenir à son legs. Cette explication n'est possible que si
le legs a une valeur supérieure à la portion que l'héritier
doit recueillir dans la succession ; dans ce cas, l'héritier
a bien, en effet, intérêt à renoncer, et il se trouvera
avantagé ; mais si le legs est inférieur à cette part, il est
clair que l'intérêt du successible sera de venir à la succession et d'abandonner le legs. Le legs sera donc
caduc.

En outre, n'y a-t-il pas quelque chose de choquant à
supposer ainsi au *de cujus* l'intention d'avoir voulu
placer son héritier dans une semblable alternative ?
C'est tenir un bien maigre compte des « sentiments naturels à l'homme, qui n'admet guère la pensée que ses
héritiers renonceront à sa succession, et qui certes ne

donnerait pas une sorte de prime à cette renonciation (1) ».

On a dit, en second lieu, que le legs, lorsqu'il portait
sur des immeubles ou sur des objets déterminés, devait
avoir pour effet d'attribuer l'immeuble ou l'objet légué
au légataire, sauf à en précompter la valeur sur sa part
héréditaire. L'effet du legs serait ainsi de dispenser le
légataire d'effectuer le rapport en nature. C'est la seule
raison que l'on puisse donner, dit-on, pour trouver un
sens à la libéralité du défunt. Nous verrons plus loin
si cette explication peut être admise sans restriction.

Enfin il est un cas où le système du Code est en harmonie avec la volonté du *de cujus* ; c'est celui où le
légataire n'était pas héritier présomptif à l'époque de la
confection du testament. Nous en avons déjà parlé à
propos du legs de la quotité disponible. On comprend
alors que le legs soit retenu dans la masse. Lorsque le
de cujus a légué, le légataire n'était pas héritier présomptif à l'époque de la confection du testament. Nous
en avons déjà parlé à propos du legs de la quotité disponible. On comprend alors que le legs soit retenu dans la
masse. Lorsque le *de cujus* a légué, le légataire n'était
pas héritier présomptif, le testateur avait donc agi comme
si le légataire ne devait rien prendre dans sa succession ;
peut-être même est-ce là ce qui a été pour lui la consi-

---

(1) Proposition de loi tendant à modifier l'article 843 du Code civil.
Exposé des motifs, *Journal officiel*, 1892. Chambre, annexe, p. 100 et
suiv.

dération déterminante du legs. Dès lors, il est à croire que s'il avait prévu à ce moment que la personne gratifiée dût venir à sa succession, il ne lui aurait rien légué.

L'article 846, qui prévoit ce cas, ne parle que des donations. Il est hors de doute qu'il devait s'appliquer aussi bien aux legs, puisque le Code avait assimilé les donations et les legs au point de vue des règles du rapport. « C'est même *a fortiori*, dit M. Demolombe, que la disposition de l'article 846 doit s'appliquer aux legs : soit, parce que le legs très différent de la donation entre vifs n'a jamais, quelle que soit la date du testament, d'effet qu'à l'époque de l'ouverture de la succession, soit parce que cette disposition de l'article 846 est la seule, peut-être, qui puisse servir à expliquer, dans l'hypothèse qu'elle prévoit, comment les legs eux-mêmes sont rapportables s'ils n'ont pas été faits par préciput... »

Tels sont les trois cas dans lesquels on a pu voir un certain accord entre les dispositions du Code et la volonté présumée du défunt.

Avant de passer à la critique du système du Code et à celle de la loi du 24 mars 1898, il nous reste à examiner quelles étaient les règles applicables au rapport des legs. Comment le rapport devait-il se faire à la succession en cas de legs ? En quoi peut consister le rapport ?

Nous nous trouvons ici en présence de trois systèmes. Le premier système s'en tient au texte de l'article 843 : un legs a été fait à un héritier sans clause de préciput : l'héritier *ne peut réclamer* le legs qui doit rester dans la masse partageable, tout comme si le défunt n'en avait pas disposé.

Mais alors que fait-on de la volonté du défunt ? Il a légué, et le legs est anéanti. Les partisans de ce système répondent que le legs n'est pas absolument inutile, le légataire pouvant en profiter s'il renonce à la succession. Nous avons déjà apprécié cette opinion.

Le deuxième système donne une solution opposée. Le défunt, dit-on, n'a pu vouloir ne rien faire du tout, il s'est proposé un but. Son intention est interprétée en ce sens que le légataire doit avoir la propriété exclusive de l'objet légué ; le légataire pourra donc dans tous les cas se le faire délivrer en nature, sauf à en précompter la valeur sur sa part héréditaire par voie d'imputation.

Il n'y a pas d'autre moyen de concilier le texte du Code avec l'intention évidente du défunt.

Enfin, le troisième système tient le milieu entre les deux autres. Le Code a, au point de vue du rapport, mis sur la même ligne les legs et les donations ; il faut donc appliquer les mêmes règles aux uns et aux autres, du moins en tant que le comporte la nature particulière des legs. Le rapport, article 858, se fait en nature ou en moins prenant. Cet article s'applique à la fois et aux legs et aux donations.

Donc, le rapport des legs se fera tantôt en nature, tantôt en moins prenant, suivant les distinctions établies par le Code. Le rapport du mobilier ne se fait qu'en moins prenant. Quant aux immeubles, le rapport a lieu en nature, toutes les fois qu'il n'y a pas, dans la succession, d'immeubles de même nature, valeur et bonté dont on puisse former des lots à peu près égaux pour les autres cohéritiers.

Dès lors, si le legs est de choses mobilières, le légataire pourra demander qu'elles lui soient délivrées en nature. L'immeuble légué pourra de même lui être attribué si la succession en comprend d'autres de même nature, valeur et bonté.

Dans tous les autres cas, l'objet légué devra rester dans la masse à partager, et le legs sera caduc.

Cette solution n'est sans doute pas en harmonie avec l'intention du défunt, mais elle est commandée par les textes qui ne distinguent pas, au point de vue de la manière dont le rapport doit s'effectuer, entre les dons entre vifs et les legs.

D'ailleurs, le testateur peut insérer dans son testament une clause dispensant le légataire du rapport en nature. Req., 11 février 1879 ; D. 79.1.297.

Et la jurisprudence admet ici encore les dispenses tacites. Par exemple, le legs d'un immeuble fait à un héritier à charge de payer en argent, à ses cohéritiers, ce qui dans cet immeuble excéderait sa part héréditaire, doit être interprété dans le sens d'une dispense de rapport en nature, bien que le testateur ne s'en soit pas formellement expliqué. Req., 9 février 1830 ; D. *Rép.*, t. 41, n° 1103.

Le système de la jurisprudence avait abouti, en pratique, à ce résultat que le rapport qui, d'après le Code, devait être la règle générale et le droit commun, était devenu l'exception ; et que le préciput qui devait être l'exception était en réalité devenu la règle. Elle en était donc arrivée à retourner la loi, sinon en droit, au moins en fait.

Étant donné le point de départ de son argumentation, elle était évidemment dans la logique, si elle s'écartait des termes de la loi.

En effet, avec la majorité des auteurs, elle part de ce principe que la volonté du défunt sert de base aux partages dans les successions. Lorsque cette volonté est exprimée ou qu'elle résulte implicitement, soit de l'ensemble des diverses clauses de la libéralité, soit de la nature même de la disposition, il faut la suivre sans hésitation ; dans le cas contraire, on la présume, et la présomption est que le disposant a voulu que l'égalité fût maintenue entre ses héritiers.

Cette opinion ne va pas sans se heurter à bien des objections. En effet, dire que la loi a voulu, en cas de silence de la part du défunt, régler les droits des héritiers comme le défunt l'eût fait lui-même, c'est fermer les yeux de parti pris sur les entraves multiples apportées par la loi à la libre disposition des biens. La volonté du défunt ? Mais la loi n'en a-t-elle pas fait bon marché, et cela, en plus d'une circonstance ? On ne dira pas, je pense, qu'elle assure l'exécution des dispositions testa-

mentaires lorsqu'elle organise une réserve au profit de
certains héritiers, réserve dont elle interdit la disposition en faveur de toutes personnes? Se conforme-t-elle
encore à la volonté même expresse du *de cujus*, lorsqu'elle restreint dans d'étroites limites le droit de
faire des substitutions? Il est puéril d'avancer, ainsi
qu'on l'a fait, qu'en cas de succession *ab intestat*, la loi
prétend rédiger le testament que le défunt eût fait
probablement lui-même, puisque, dans des cas très
nombreux où le *de cujus* a voulu régler lui-même sa succession, la loi vient réduire ses libéralités ou annuler
des dispositions contraires à l'ordre public.

La vérité est qu'en matière de successions, le Code
civil a concilié des intérêts opposés : l'intérêt particulier,
qui réclame la liberté pour tout citoyen de disposer de
ses biens comme il l'entend ; l'intérêt des familles, qui
exige que les héritiers du sang ne soient pas dépouillés
complètement, au profit d'étrangers, des biens qui com-
posent le patrimoine de leur auteur ; enfin, l'intérêt
de l'État, intérêt politique ou économique, qui a été
compris diversement suivant les régimes : les uns ont
vu avec faveur le maintien et l'immobilisation des fortunes dans les mêmes mains et l'ont encouragé comme
un moyen de conserver l'éclat des anciennes familles ;
les autres, au contraire, se sont étudiés à empêcher la
reconstitution d'une noblesse héréditaire au moyen de
la dissémination des biens : tel est le régime moderne,
le régime du Code, régime démocratique.

Cela revient à dire que les lois successorales ne sont pas exclusivement des lois d'ordre privé, mais aussi d'ordre public ; et le testament par lequel l'homme règle l'attribution de son patrimoine après sa mort n'est pas un acte du droit des gens, comme la vente, le dépôt, et même jusqu'à un certain point, la donation.

C'est même un acte du droit civil, je dirais presque du droit politique. C'est ainsi d'ailleurs que les Romains l'avaient considéré au début, puisqu'ils exigeaient qu'il fût fait *calatis comitiis*. On peut parfaitement soutenir, et on a soutenu, en effet, que l'homme n'a à proprement parler de droits que pour la durée de son existence ; c'est un propriétaire *ad tempus*, et son droit de propriété s'éteint avec lui. « La propriété, dit M. Grenier, a pu paraître devoir cesser à la mort. En ce moment, la société pouvait reprendre les biens qui en avaient été retirés, ou les faire passer aux parents du dernier propriétaire, à titre de succession, ou permettre à ce dernier d'en disposer par testament, en faveur de qui bon lui semblerait. Tout mode de transmission des biens, après la mort du possesseur, a donc dû être réglé par chaque société ; il a donc dû émaner de la loi civile » (*Des donations et des testaments*. Discours historique).

« La loi naturelle, dit encore Montesquieu, ordonne aux pères de nourrir leurs enfants, mais elle n'oblige pas de les faire héritiers. Le partage des biens, les lois sur ce partage, la succession après ce partage, tout cela ne peut avoir été réglé que par la société, et par conséquent par des lois politiques ou civiles » (*Esprit des lois*, Liv. 26, chap. 6).

L'ancien droit s'était placé à ce point de vue en laissant une part aussi restreinte à la volonté de l'homme dans les successions. Le Code civil, tout en héritant des traditions de l'ancien droit, avait pourtant fait une place plus grande à la faculté de disposer de ses biens. Il pose bien en principe l'incompatibilité des qualités de donataire ou légataire et d'héritier, mais la règle fléchit devant la volonté formellement exprimée du disposant.

En l'absence de cette volonté la loi prescrit l'égalité des partages. Et cette égalité est le vœu, non pas tant du disposant que de l'État qui y voit en même temps que dans l'organisation d'une réserve héréditaire, un obstacle au rétablissement d'une noblesse, et peut-être aussi, mais c'est là, croyons-nous, une préoccupation d'ordre secondaire, un gage de paix et d'accord entre les membres de la famille. Cette égalité, toutefois, la loi ne l'impose plus, elle permet d'y déroger, mais dans les limites tracées par elle, et elle exige, pour qu'elle soit rompue, autre chose qu'un désir ou un vœu vaguement défini. Ce qu'elle veut, c'est une volonté certaine et manifeste, une prescription formelle, *expresse*.

Dès lors il n'y a plus rien d'illogique dans le système du Code. Lorsqu'il annule les legs fait aux héritiers, il n'a pas le moins du monde la prétention d'exécuter la volonté du testateur, il entend réaliser son vœu à lui. En réglant l'ordre des successions *ab intestat*, il a eu en

vue d'assurer le maintien d'un certain régime politique
et économique, et il n'a permis de changer l'ordre établi par lui qu'en suivant certaines conditions de forme
et de fonds en l'absence desquelles les volontés expri-
mées sont condamnées par lui à rester lettres mortes.
Le Code veut l'égalité des partages ; mais, pour satisfaire
à l'intérêt particulier, il fait céder son désir devant une
volonté manifestement exprimée, il ne veut pas la
heurter de front.

M. Duranton s'est rangé à cette opinion (t. VII, n° 213).
« C'est la raison d'égalité entre les héritiers, dit-il, de
cette égalité toutefois relative à la répartition légale de
la succession, qui est la base de la loi actuelle sur les
rapports, plus encore que la présomption d'intention
du défunt qui aurait voulu, en donnant, ne donner simplement qu'en avancement d'hoirie, pour aider à former un établissement par mariage ou autrement. »

« En effet dans plusieurs cas où le rapport a lieu
d'après le Code, cette présomption ne reposerait sur
aucune vraisemblance. Par exemple, le rapport est dû
par le donataire qui n'était pas héritier présomptif lors
de la donation, mais qui se trouve successible au jour
de l'ouverture de la succession (article 846) ; et cependant, il est sensible que le défunt, en lui donnant, n'entendait point lui faire un simple avancement d'hoirie,
mais bien une libéralité pure, puisqu'il ne songeait
point à l'avoir pour héritier, plusieurs parents peut-être
le précédant dans l'ordre de successibilité et à des de-

grés divers. Aussi dans la plupart des coutumes, même dans plusieurs de celles où il y avait incompatibilité entre la qualité de donataire et celle d'héritier, en ce sens qu'il fallait rapporter si l'on acceptait la succession, le rapport n'était pas dû par celui qui, au moment de la libéralité, n'était pas au nombre des héritiers présomptifs du donateur...

« Le Code en décide autrement, parce que ses rédacteurs ont été encore plus dominés par la raison d'égalité, que par celle puisée dans la présomption de volonté du disposant de conférer au donataire une libéralité pure, et non de lui faire un simple avancement d'hoirie. »

Aussi doit-on interpréter strictement les termes de l'article 843 qui exige une dispense expresse de rapport. Nous dirons, avec M. Théophile Huc (*C. civ.*, tome V, n° 338) :

« Si les mots n'ont pas perdu leur signification la plus claire et la plus certaine, les textes veulent dire :

1° Qu'une *déclaration* de volonté quelconque, mais suffisante, est nécessaire, et qu'on ne saurait la faire sortir, par voie de raisonnement, d'une appréciation de l'ensemble de l'acte, alors qu'on reconnaît qu'elle n'est contenue dans aucune des parties de cet acte ;

« 2° Que la preuve de la volonté du disposant ne peut résulter que d'une *déclaration* faite, comme le dit l'article 919, soit par l'acte qui contiendra la disposition, soit *postérieurement*, dans la forme des dispositions entre vifs ou testamentaires, mais que cette preuve ne peut jamais résulter des circonstances extérieures ou extrinsèques ;

« 3° Que, par suite, les juges, liés par les termes précis et non équivoques de la loi, ne sauraient avoir un pouvoir discrétionnaire pour décider, d'après les faits de la cause, si une libéralité est ou non dispensée du rapport. »

C'est, on le voit, le contre-pied du système de la jurisprudence.

Les auteurs se sont divisés : quelques-uns suivent l'interprétation des tribunaux, la plupart la repoussent en vertu des textes, mais ils s'en prennent au Code de s'être mis en contradiction avec lui-même en annulant les legs faits aux héritiers, et l'un d'eux, M. Laurent, va même jusqu'à excuser la jurisprudence d'avoir heurté de front les prescriptions du Code ; il en fait remonter la faute au législateur qui, en assimilant au point de vue du rapport les legs et les donations, s'est mis en opposition avec la volonté la plus certaine des défunts.

La base de leur argumentation est celle de la jurisprudence : la loi, en réglant les successions *ab intestat*, se conforme à la volonté probable du *de cujus*, elle exécute en quelque sorte son testament présumé ; donc, et *a fortiori*, lorsque le *de cujus* a exprimé ou même laissé entrevoir son intention, on doit la suivre.

La volonté du défunt ! On en a fait le pivot de toute

la matière des successions. C'est d'elle que l'on part, c'est à elle qu'on aboutit. Elle est le commencement et la fin, l'ultimatum de toutes les théories. Nous le répétons, que fait-on de la réserve héréditaire, des substitutions prohibées, de l'autorisation d'accepter les libéralités imposée aux personnes morales, etc. ?

A ce compte-là, pourquoi ne pas admettre aussi la validité des testaments qui ne remplissent pas les conditions de formes exigées par le Code ?

Admettre cette théorie, c'est dire, en dépit de toutes les traditions dont le Code, quoi qu'on en puisse dire, s'est certainement inspiré, en dépit des dispositions mêmes du Code, que nous sommes sous l'empire de la vieille maxime romaine : *Uti legassit super pecunia tutelave suæ rei, ita jus esto.*

Cette conséquence est invraisemblable et pourtant c'est elle qui doit logiquement se déduire d'une pareille doctrine.

M. Dalloz (*Répertoire*, t. 41, n° 1011) trouve précisément dans la règle qui interdit à l'héritier le cumul d'un legs avec sa part héréditaire, en l'absence de volonté expresse de la part du testateur, une preuve que l'obligation du rapport n'a pas pour fondement le vœu présumé du défunt. « Le vœu présumé du défunt ne pourrait, après tout, être invoqué qu'à l'égard des donations entre vifs. L'intention de faire un avancement d'hoirie, plutôt que de dépouiller irrévocablement les autres héritiers, se conçoit facilement chez le donateur. Son but aura été le plus souvent de former un établissement au donataire par la jouissance anticipée d'une partie de la succession. »

« Mais, à l'égard des legs, comment supposer la même volonté? Le légataire n'a pas eu de jouissance. Si vous le placez dans l'alternative ou de renoncer à son legs, ou de renoncer à la succession, il arrivera fréquemment que le legs ne lui aura été d'aucun avantage. Cependant, il n'est pas probable que le testateur mît pour condition à l'effet de sa libéralité la répudiation de sa succession. En exprimant pour l'un de ses héritiers une affection particulière, un vœu de préférence, il n'entendait pas sans doute qu'il fût traité à l'égal des autres. Ce n'est donc pas sa volonté qui règle ici leurs droits. »

Tout ceci est l'évidence même ; et on reste étonné de voir que tous les auteurs ne l'aient pas reconnu. Ils accusent les rédacteurs du Code d'une contradiction qui, dans l'esprit de ces derniers, n'existait pas, parce qu'ils n'avaient pas le même point de départ pour leur raisonnement. M. Demolombe (t. XVI, n° 164) est de ceux-là : « Il est vrai, dit-il, que les auteurs de notre Code semblent avoir méconnu leur propre règle, en appliquant sur ce point aux legs la même disposition qu'aux donations entre vifs (article 843).

Que la donation entre vifs soit présumée n'avoir été faite par le défunt à son successible qu'en avancement d'hoirie, rien n'est plus raisonnable ; car cette donation, même ainsi faite, lui est encore très avantageuse, en favorisant son établissement, par mariage ou autrement, et aussi à raison des fruits et des intérêts qu'elle l'autorise à retirer de l'objet donné, sans aucune obligation de restitution ; on est donc autorisé à croire que le défunt, s'il ne s'en est pas autrement expliqué, a entendu seulement lui faire une avance sur sa part héréditaire, en lui laissant d'ailleurs le choix ou de la rapporter en acceptant, ou de la conserver en renonçant. »

« Mais le legs, qui ne reçoit son effet qu'à l'époque de l'ouverture de la succession et au moment même qui fait naître l'obligation du rapport, quelle utilité aura-t-il pour le légataire successible, s'il ne peut pas le cumuler avec sa part héréditaire ? Il faut bien avouer qu'il ne lui sera souvent d'aucune utilité ; et dès lors, n'eût-il pas été mieux de présumer que le legs était fait par préciput ?... »

« Nos anciennes coutumes qui avaient déclaré l'incompatibilité des qualités d'héritier et de légataire étaient du moins conséquentes avec elles-mêmes. »

« Mais du moment où le législateur nouveau admettait que l'un des héritiers pouvait être légataire du défunt, il semble que, pour être conséquent aussi avec lui-même, il aurait dû décider que le legs fait à un successible était présumé fait par préciput. Il serait donc difficile d'expliquer rationnellement la disposition qui empêche le successible venant à la succession de réclamer le legs à lui fait sans clause de préciput, et il est permis de penser qu'elle n'est, dans notre Code, qu'un vestige de l'ancienne règle de l'incompatibilité des qualités d'héritier et de légataire, dont le législateur a conservé une conséquence en même temps qu'il abrogeait le principe. »

Les autres auteurs reproduisent les mêmes critiques dans des termes plus ou moins vifs.

M. Duranton lui-même, qui ne donne pas pour base à l'égalité des partages la volonté présumée du défunt, est d'avis que le Code « a trop négligé cette volonté, en ce qui concerne les legs ». Le legs seul, sans clause de préciput, n'ayant aucun effet pour le légataire qui se porte héritier, « c'est dit M. Duranton, une disposition que rien ne justifie... ».

« Qu'a pu vouloir, en effet, le testateur en faisant un legs à l'un de ses héritiers présomptifs, si ce n'est que cet héritier ait la chose par préciput ou hors part? Quand il s'agit d'une libéralité entre vifs, on doit supposer, du moins généralement, que le donateur a voulu seulement faire un avancement d'hoirie, faciliter au donataire le moyen de former un établissement par mariage ou autrement, et non l'avantager au préjudice des autres héritiers, et cette présomption, jointe à la raison d'égalité entre les héritiers, soumet le donataire. s'il accepte la succession, à l'obligation de rapporter ce qu'il a reçu. Mais quand il s'agit de legs, on ne peut pas supposer que ce sont de simples avancements d'hoirie que le disposant a voulu faire, puisqu'ils ne reçoivent leur effet qu'au moment même où s'exécutent les obligations relatives aux rapports ; et cependant le testateur a voulu faire quelque chose en faisant le legs, quoiqu'il n'ait pas dit qu'il le faisait par préciput et hors part : or, ce qu'il a pu vouloir, c'est ou donner l'objet par préciput au légataire, ou lui attribuer le droit de réclamer la chose léguée, dans le cas où il lui conviendrait mieux de répudier l'hérédité, comme si le testateur lui avait légué dans la prévoyance de ce cas : ce qui est certainement bien moins probable, bien moins dans la véritable interprétation des sentiments naturels du défunt » (Tome VII, n° 214).

Le législateur s'est emparé de ces critiques, et elles ont abouti à la nouvelle loi du 24 mars 1898.

CHAPITRE V

Le législateur est parti du même principe : il a admis que la volonté du défunt servait de base aux partages des successions. La conséquence inévitable était, relativement aux legs, qu'ils étaient, par interprétation même de la volonté du défunt, des legs par préciput, des prélegs.

Le nouvel article 843 contient un deuxième alinéa ainsi conçu : « Les legs faits à un héritier sont réputés fait par préciput ou hors part, à moins que le testateur n'ait exprimé la volonté contraire, auquel cas le légataire ne peut réclamer son legs qu'en moins prenant. »

L'article 919 a été restreint aux dons entre vifs, puisque, tous les legs étant préciputaires, le legs de la quotité disponible se trouvait compris dans la réforme de la loi.

La réforme porte sur deux points :

1° Le legs fait à un héritier qui, en l'absence de clause de préciput, était annulé, est réputé fait par préciput. Le *de cujus* a toutefois la faculté de modifier ce résultat suivant sa volonté, mais il doit l'exprimer dans son testament.

La loi a donc pour unique but de renverser l'ancienne

présomption. Avant elle, on présumait chez le défunt
la volonté de maintenir l'égalité entre ses héritiers;
aujourd'hui, c'est le contraire, la loi présume que le
testateur en faisant un legs à un de ses héritiers, a
voulu rompre l'égalité, et lui donner vis-à-vis de ses cohéritiers une situation privilégiée. Cette présomption
tombe devant une manifestation certaine de volonté.

2º La question se posait autrefois de savoir comment
devait se faire le rapport des legs, en nature ou en
moins prenant ; et nous avons vu que la doctrine se divisait à ce sujet en trois partis ; la loi a mis fin à la controverse : le legs, au cas où le testateur l'a assujetti au
rapport, est réputé fait avec dispense de rapport en
nature, c'est-à-dire que le légataire pourra réclamer
son legs en nature, sauf à en précompter la valeur sur
sa part héréditaire.

Dans tous les cas et suivant le principe posé par Pothier, la disposition testamentaire est interprétée dans
le sens où elle peut avoir quelque effet, plutôt que dans
le sens où elle n'en peut avoir.

Nous ne nierons pas que le système actuel soit mieux
en rapport avec la volonté probable du défunt. Mais
nous tenons à faire remarquer que le législateur de 1898
s'est, suivant nous, mépris complètement sur l'esprit
véritable du législateur de l'an XI. Nous avons vu quel
était cet esprit, comment son but était d'opérer une
transaction entre des intérêts rivaux.

Aujourd'hui, changement complet : la volonté du dé-

funt devient la loi supérieure devant laquelle on doit
s'incliner. Le testament reprend la place d'où l'avait
éloigné le droit coutumier. La loi de 1898 a rompu définitivement avec les anciennes traditions nationales,
elle est revenue au droit romain : *uti legassit... ita jus
esto.*

Eh bien ! nous estimons que, puisqu'il en est ainsi,
puisque c'est la volonté du défunt qui règle tout en matière de rapport, la réforme opérée par le législateur de
1898 est insuffisante : son travail est incomplet, et il
s'est arrêté à moitié chemin.

Eh nous sommes heureux de nous rencontrer ici avec
un auteur qui a poussé jusqu'à ses dernières conséquences le principe de la volonté du défunt, base des partages. « On prétend, dit M. Laurent (tome V, n° 546), que
le donateur, en donnant à l'un de ses héritiers, n'a entendu lui faire qu'un avancement d'hoirie, c'est-à-dire
lui donner de son vivant ce que le successible aurait
obtenu en vertu de la loi, lors de son décès. N'est-ce pas
résoudre la question par la question ? On demande
quelle est la volonté du défunt : veut-il avantager son
héritier de la propriété des biens ou n'entend-il lui donner que la jouissance de ses biens ? Il est certain que, si
le donataire est soumis au rapport, il n'a en réalité que
la jouissance des biens que le défunt lui a cependant
donnés en toute propriété. Est-ce bien là l'intention du
donateur ? On doit présumer, dit-on, qu'il veut l'égalité
entre ses héritiers. Ne peut-on pas répondre que, si

telle est son intention, il n'a qu'à ne pas faire de libéralité, sauf à remettre à son héritier les fruits ou les re-
venus dont il veut le gratifier? Que si, au lieu de se
borner à une donation de jouissance, il fait une donation de la toute propriété, on ne peut plus lui supposer
l'intention de ne donner que la jouissance, puisqu'il
donne plus. Donc, il ne veut pas l'égalité ; c'est la loi
qui la lui impose, sinon malgré lui, du moins sans con-
sulter sa volonté. Vainement dit-on que le donateur
n'a qu'à donner avec dispense de rapport. Ne pouvait-on
pas répondre qu'il donne avec dispense par cela seul
qu'il a fait une libéralité en toute propriété? Il est si
vrai que l'intention du donateur est presque toujours
de dispenser le donataire du rapport, que la jurisprudence qui s'inspire surtout des faits et des circonstances
de la cause, a étendu les dispenses à tel point que le
rapport devient presque l'exception. »

Nous trouvons deux exagérations dans ce raisonnement :

1° Le donataire soumis au rapport, dit l'auteur, n'a
en réalité que la jouissance des biens. Cette proposition
est insoutenable. Le donataire en avancement d'hoirie
est bel et bien propriétaire des choses soumises au
rapport, il l'est si bien qu'il peut les aliéner, et qu'une
fois aliénés, c'est seulement leur valeur qui est rappor-
tée à la masse (art. 860). Un simple usufruitier n'aurait
jamais ce droit à moins que l'usufruit ne portât sur des
choses fongibles.

2° Le donateur donne avec dispense de rapport par cela seul qu'il donne. Ceci est vrai, mais pas dans tous les cas. Nous l'admettrions assez volontiers en ligne collatérale : lorsqu'on fait une donation à un cousin par exemple, on peut dire que, neuf fois sur dix, on n'a aucunement l'intention de lui faire un simple don en avancement d'hoirie.

Il n'en est plus de même des donations qui s'adressent aux enfants. Ces donations leur sont faites le plus souvent à l'époque de leur établissement ou de leur mariage, et ordinairement, les parents donnent également à tous leurs enfants. Comme elles n'ont lieu que successivement au fur et à mesure que les enfants atteignent l'âge de se marier ou de s'établir, il est ici entièrement conforme à l'intention du donateur de présumer chez lui la volonté d'astreindre ses enfants au rapport. Supposons un père de famille ayant deux enfants ; il fait une donation au premier lors de son mariage, puis il meurt avant que le second ne se marie. Son intention était de le doter à l'égal du premier. Si l'on présumait la dispense de rapport, le premier enfant se trouverait avantagé vis-à-vis du second, et cela, contre la volonté probable du père. Je sais bien qu'il pourrait éviter ce résultat en insérant dans la donation la clause qu'elle n'est faite qu'en avancement d'hoirie ; c'est même ainsi que les choses se passent le plus souvent dans les contrats de mariage ; mais si l'insertion d'une clause suffit à produire l'effet désiré, nous ne voyons pas l'utilité de retourner la présomption, car une clause inverse serait nécessaire lorsque la volonté contraire existerait.

La Coutume d'Amiens, d'ailleurs, s'était placée au point de vue indiqué par nous : « Quand père et mère délaissent plusieurs enfans venans à leur succession, dont aucuns sont mariez, les autres non : si les mariez ou non mariez veulent venir à partage, sont tenus de rapporter ou déduire tout ce qu'ils ont eu en mariage, et autre avancement sujet à rapport et le tout mettre ensemblement pour être partagé entre eux » (art. 92).

« Mais si tous lesdits enfans étaient mariez, il n'y a point de rapport entre eux, supposé que l'un eust eu beaucoup plus en mariage que l'autre » (art. 93).

Notre opinion est donc que, donnant comme base au partage la volonté du défunt, la loi eût pu dispenser du rapport les donations en ligne collatérale ; mais il ne faut pas aller plus loin et il faut maintenir la nécessité du rapport pour les donations faites aux enfants. C'était le système romain et nous croyons qu'il est le seul logique dans l'état actuel des choses.

Vu :
Le Président de la thèse,
ANDRÉ WEISS.

Vu :
Le Doyen,
GLASSON.

Vu et permis d'imprimer :
Le Vice-Recteur de l'Académie de Paris,
GRÉARD.

TABLE DES MATIÈRES

Imp. J. Thevenot, Saint-Dizier (Haute-Marne).

9 782329 029306